문화코드로 읽는 일본이야기

이경규 지음

신아사

머리말

어느 사회, 어느 지역에도 공통으로 나타나는 생활양식들이 존재한다. 경사스러운 일이 있을 때 서로 축하인사를 나누는 행위, 사람이 죽었을 때 장례를 치르는 풍습 등은 어느 사회에서나 찾아볼 수 있다. 인간의 본성에는 공통적인 요소가 내포되어 있기 때문이며, 이것을 문화의 보편성이라고 한다. 한편 각 사회의 문화는 고유한 특징을 지니고 있으며 이것이 각기 다른 모습으로 나타나기도 한다. 각 사회에 따라 축하 인사말이나 인사하는 방법이 다르고, 장례를 치르는 방식이 각기 다를 수 있다. 이것은 각각의 사회마다 처한 환경이나 상황 등이 다르기 때문이며, 이것을 문화의 고유성 또는 다양성이라고 한다.

이 세상에는 서로 다른 문화가 수없이 존재하고 한 사회 안에도 다양한 문화가 존재한다. 따라서 사람들은 자신이 속한 문화뿐 아니라 다른 사회나 집단의 문화를 접할 때 여러 가지 관점에서 그 문화를 바라보게 된다. 이러한 관점에서 보면, 동아시아 문화권에 속해 있는 한국과 일본은 서로 왕래가 빈번해지면서 서로의 사회와 문화를 객관적으로 이해하고자 하는 노력이 필요한 시점이다. 특히, 글로벌 시대를 맞이하여 한국과 일본은 서로 상대방의 사회와 문화에 대해 이러한 보편성과 다양성이라는 양 측면에서의 이해가 반드시 필요할 것이다.

이 책은 일본어 학습자가 일본의 사회와 문화를 이해하는데 필요한 기초 수준의 입문서로서 다음 사항을 고려하여 집필하였다.

첫째, 일본어 학습자들에게 일본 사회와 문화에 대해 기본적이고 실용적인 정보를 제공하는데 초점을 맞추어 집필하였다.

둘째, 일본의 자연환경을 비롯하여 전통문화, 외래문화, 의식주, 종교, 역사 등에 걸쳐 일본 문화의 기초적이고 다양한 내용을 망라하여 기술하였다.

셋째, 일본의 다양한 문화적 기층을 기존의 편향적인 시각에서 벗어나 좀 더 객관적으로 조명하고 개괄하고자 하였다.

넷째, 일본어 학습자가 일본과 일본인, 일본문화를 이해하는데 있어서 전통적인 문화양식과 근현대적인 문화양식이라는 양 측면에서 객관적으로 접근할 수 있도록 하였다.

다섯째, 본문의 내용을 학습하는데 있어서 부록의 <일본사 연표>와 <알아보기>를 활용하여 좀 더 체계적이고 효과적인 학습이 이루어질 수 있도록 하였다.

2017년 2월 10일
이경규

차 례

제1장 일본의 자연환경

1. 일본의 국토와 지형

일본은 유라시아의 동쪽 끝에 위치하고 있으며, 홋카이도(北海道), 혼슈(本州), 시코쿠(四国), 규슈(九州)의 4개의 거대한 섬과 약 6,900여개의 크고 작은 섬으로 이루어진 섬나라이다. 이렇게 많은 섬으로 이루어졌다는 의미에서 일본열도라고 부르기도 한다. 한국과 일본은 유라시아의 동쪽 끝에 있으며 대한해협을 사이에 두고 있는 인접국이다. 한국은 삼면이 바다로 둘러싸인 반도국가이고, 일본은 사면이 바다로 둘러싸인 섬나라이다. 일본은 국토의 면적이 약 48만㎢로 한반도의 약 1.7배이다.

일본의 북쪽은 러시아, 서쪽은 한국과 접하고 있으며, 서남쪽으로는 중국과 접하고 있다. 그리고 동쪽으로는 넓은 태평양에 접해 있다. 이런 지형적 위치는 대륙의 정치변화에 휩쓸리지 않고도 대륙문화를 받아들일 수 있는 환경으로, 일본 고유문화를 지키면서도 외래문화를 적극적으로 수용하여 독자적인 문화를 이루어 왔다.

그러나 이들 주변국과는 끊임없는 영유권 분쟁이 이어지고 있다. 러시아와는 북방영토에 대한 영유권 분쟁, 한국과는 독도에 대한 영유권 분쟁, 중국이나 대만과는 센카쿠 열도(尖閣列島)에 대한 영유권 분쟁이 일어나고 있다.

그리고 일본은 섬나라이기는 하지만, 주변국과의 거리가 멀지 않기 때문에 나가사키현(長崎県)의 쓰시마(対馬島)와 부산까지의 거리가

49.5㎞에 불과하다. 또한 홋카이도에서 사할린(樺太)까지의 거리가 40㎞ 정도 밖에 되지 않으며, 오키나와현(沖縄県)의 요나구니지마(与那国島)에서 대만까지의 거리도 100㎞ 정도이다.

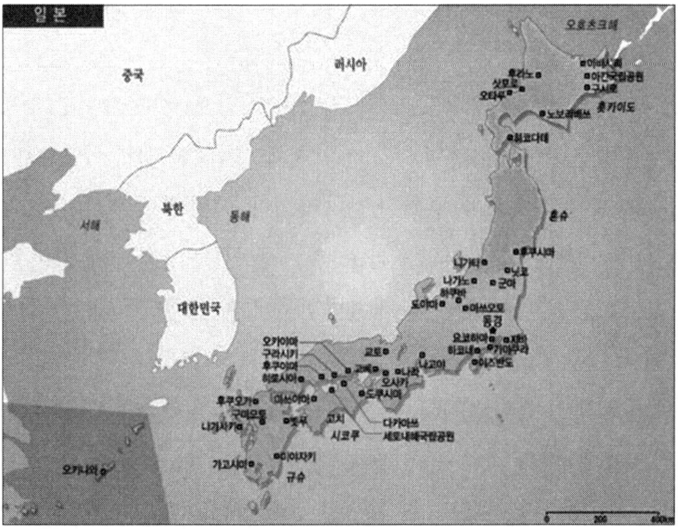

일본 전도

일본은 길이가 약 3,000㎞에 달하고, 폭은 300㎞ 정도로 북동에서 남서로 길게 늘어서 있으며, 산지가 국토 전체의 75%를 차지할 정도로 산지의 비율이 높다. 이러한 산지는 주로 일본 열도의 중앙에 형성되어 있기 때문에 태평양 쪽과 일본해(한국의 동해) 쪽으로 나뉜다. 이들 산지는 대부분이 화산활동을 통해서 형성되었으며, 후지산을 비롯하여 해발 2,000~3,000m가 넘는 산들도 많다. 이러한 산들은 대부분 혼슈의 중앙부에 몰려 있으며, 이 지역을 일본알프스라고 부른다.

2. 일본의 행정구역과 지방

일본은 현재의 행정구역은 1도(東京都), 1도(北海道), 2부(大阪府, 京都府), 43현(県)으로 이루어져 있으며, 몇 개의 시(市)와 정(町) 그리고 촌(村)으로 구성되어 있다. 이러한 도도부현의 행정체계는 메이지 시대(明治時代, 1868~1912)에 개편된 폐번지현(廃藩置県)의 형태가 유지되고 있다. 일본 열도는 크게 동일본과 서일본으로 나눌 수 있으며, 다시 각 지방을 홋카이도(北海道) 지방, 도호쿠(東北) 지방, 간토(関東) 지방, 주부(中部) 지방, 긴키(近畿) 지방, 주고쿠(中国) 지방, 시코쿠(四国) 지방, 규슈(九州) 지방 등으로 나눌 수 있다. 이들 지역 구분은 편의상 만들어진 것으로 행정상의 지방 구분은 아니다.

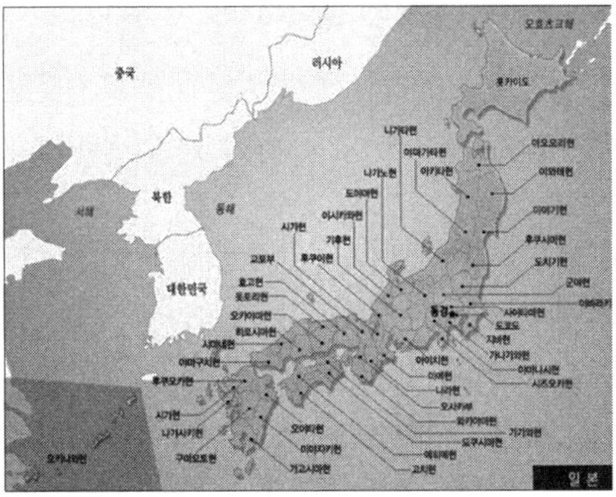

일본의 도도부현 지도

1) 홋카이도(北海道) 지방

홋카이도는 혼슈에 이어 두 번째로 큰 섬이며 일본의 가장 북쪽에 위치하고 도도부현 중에서 가장 넓은 행정구역이다. 본래 토착민인 아이누족이 살던 에조지(蝦夷地)라는 곳이었으며 일본인들이 정착하기 시작한 것은 1869년부터였다. 일본인들이 홋카이도에 처음으로 정착한 때는 그곳의 토착민인 아이누족과 통상을 시작한 16세기지만 메이지 정부에 의해 이 섬의 전반적인 개발이 시작된 때는 19세기 후반이다. 일본의 현(県)제도(우리나라의 도와 같음) 내에서 홋카이도는 현과 동등한 지위를 가졌음에도 불구하고 독자적인 지방구역으로 분류된다.

주요도시는 현청소재지인 삿포로(札幌)를 비롯하여 하코다테(函館), 오타루(小樽), 무로란(室蘭) 등의 항구도시가 있다. 홋카이도는 수렵과 임업을 비롯하여 식품가공, 목공업, 펄프, 제지산업과 같은 산업 활동 기반을 가지고 있다. 주요 산업은 철·목재 펄프·낙농·어업 등이다. 홋카이도에는 일본 최대의 석탄 광산이 있다.

중심 도시인 삿포로(札幌)는 매년 2월초에 개최되는 눈 축제로 유명한데, 눈과 얼음으로 만들어진 수많은 대형 조각품들이 전시되어 볼거리를 제공해준다. 홋카이도 남쪽의 큰 도시인 하코다테(函館)는 아름다운 야경으로 주목받고 있다.

홋카이도는 메이지 시대 이후에 본격적인 개발이 이루어져 일본인이 여러 지역에서 이주하여 정착하게 되었고, 온천, 스키장, 골프장 등 관광자원이 풍부하다. 홋카이도는 쓰가루 해협(津軽海峡)을 사이에 두고 혼슈를 비롯한 남부지역과 분리되어 있는데, 이곳의 기후는 일본의 다른 지역들과 매우 달라서, 여름에는 비교적 시원하고 겨울에는 매우 춥다. 홋카이도는 산맥이 섬을 가로지르고 있어 원시림, 활화산, 큰 호수 등의 아름다운 자연경관으로도 유명하다. 홋카이도 동쪽에 있는 구시로(釧路) 저습지는 일본 홍학과 같은 철새의 도래지로 유명하다. 홋카이도는 아한대 기후에 속해 있기 때문에 겨울에는 날씨가 춥고 여름에도 장마가 없다.

북쪽으로는 러시아와 국경을 마주하고 있는데, 쿠릴 열도의 구나시리(国後島), 에토로후(択捉島), 하보마이(歯舞島), 시코탄(色丹島) 등의 네 섬을 둘러싼 이른바 북방영토 분쟁이 일고 있는 지역이다.

홋카이도 삿포로 눈축제

2) 도호쿠(東北) 지방

혼슈의 동북부 지방에 위치하고 있으며, 아오모리현(青森県), 이와테현(岩手県), 미야기현(宮城県), 아키타현(秋田県), 야마가타현(山形県), 후쿠시마현(福島県)이 도호쿠 지방에 포함된다. 중앙부에 남북으로 오우산맥(奥羽山脈)이 뻗어 있어 태평양 쪽과 일본해 쪽으로 나뉘게 되며, 일본해 쪽은 눈이 많이 내리고 태평양 쪽은 쓰나미(津波)의 피해가 빈번하다. 아키타현의 해안 저지대에 하치로호(八郎湖), 아오모리현과 아키타현의 도와다호(十和田湖) 등의 큰 호수가 있다. 이 산지지역은 일본 북동부 전체를 포함하며, 인구의 대부분이 태평양과 일본해 연안을 따라 분포하거나 몇 개의 분지에 모여 있다. 도호쿠 지방은 여름이 짧고 겨울이 길며, 봄과 가을철이 아름답다.

도호쿠 지방은 다른 지방에 비해 개발되지 않은 지역이 많아 자연이 잘 보존되어 있고 온천과 지역축제 등의 관광자원이 풍부하다. 도호쿠 지방에는 매년 여름마다 세 개의 화려한 대규모 축제가 열리는데 아오모리현에서 열리는 네부타 마쓰리(ねぶた祭り), 센다이(仙台)의 다나바타 마쓰리(七夕祭り), 아키타현의 간토 마쓰리(竿燈祭り)가 그것이다.

아오모리현의 남부와 아키타현에 위치한 시라카미(白神) 산지는 대규모의 너도밤나무 원시림이다. 그리고 미야기현의 260개 이상 작은 섬들을 일컫는 마쓰시마(松島)는 일본 3대 경관의 하나로 손꼽힌다. 이 지방에서 가장 큰 도시 센다이에서 마쓰시마까지는 열차로 30분 정도 소요된다.

미야기현 마쓰시마

3) 간토(関東) 지방

혼슈의 중앙 동쪽 지방에 위치하고 있으며, 도쿄도(東京都), 이바라키현(茨城県), 도치기현(栃木県), 군마현(群馬県), 사이타마현(埼玉県), 지바현(千葉県), 가나가와현(神奈川県)이 간토 지방에 포함된다. 수도인 도쿄가 위치하고 있기 때문에 정치, 경제, 사회, 문화의 중심지라고 할 수 있으며, 도쿄와 인접해 있는 사이타마현과 가나가와현, 지바현은 도쿄 시내 지역으로 출퇴근이 가능한 수도권으로 철도와 도로 등의 교통망이 잘 구축되어 있다. 주변 지역에는 산이나 온천 등의 자연관광지가 산재해 있으며, 도치기현 닛코(日光)의 신사와 사찰은 세계문화유산으로 등재되어 있다.

도쿄도는 23개의 구(区)와 27개의 시(市), 5개의 정(町), 8개의 촌(村)으로 이루어져 있다. 도쿄, 요코하마(横浜), 가와사키(川崎), 지바(千葉) 등의 주요 도시를 포함하는 이 지방은 일본에서 가장 인구 밀도가 높은 지역이다. 이 지역의 중추인 도쿄-요코하마 지구는 일본의 상업과 산업의 중심지이다. 도쿄만의 연안을 따라서 뻗어있는 게이힌(京浜) 산업지대와 게이요(京葉) 산업지대는 일본에서 가장 큰 산업지대이다. 그리고 도쿄 시내에서 약 2시간 내 거리에 있는 위성도시들은 점차로 확장되어 간토 지방의 많은 부분을 도시화시켰다. 농업활동은 대체로 감소하고 있지만 동쪽과 북쪽에 이르는 지역에서는 여전히 활발하여 지역경제에 이바지하고 있다.

도쿄는 일본의 수도로 거의 1,200만 명의 인구가 약 80만개의 사업장에서 일하고 있으며, 일본 국내의 대기업과 외국회사 그리고 대중매체의 본거지이다. 도쿄는 문화와 오락의 중심지로도 유명한데, 다양한 현대예술과 전통예술 활동이 이루어지고 있다. 고전음악과 대중음악이 도쿄의 많은 콘서트홀에서 공연되고 있으며 박물관과 아트 갤러리들도 매우 많다. 도쿄의 관광은 옛 도쿄의 모습을 간직한 채 많은 전통 이벤트와 축제가 열리는 아사쿠사(浅草), 도쿄타워, 긴자(銀座) 거리, 오다이바(お台場), 가부키자(歌舞伎座) 등을 정기적으로 도는 하토 버스(HATO BUS) 관광이 있다.

간토 지방은 혼슈 남동부에 위치하며 일본에서 가장 큰 평야인 간토평야로 이루어져 있다. 기후는 대체로 온화하고 4계절의 구분이 뚜렷하다.

도쿄 시내의 긴자 거리

4) 주부(中部) 지방

혼슈의 중앙부에 위치하고 있으며, 니가타현(新潟県), 도야마현(富山県), 이시카와현(石川県), 후쿠이현(福井県), 야마나시현(山梨県), 나가노현(長野県), 기후현(岐阜県), 시즈오카현(静岡県), 아이치현(愛知県)이 주부 지방에 포함된다.

혼슈 중부에 있는 주부 지방은 태평양과 일본해를 접하고 있다. 기후는 지역에 따라 매우 다양하여 태평양 쪽은 대체로 일 년 내내 온화한 반면 그 반대쪽은 폭설로 유명하다. 고원지역에 있는 몇몇 마을은 서늘한 날씨로 인해 여름 휴양지로 인기가 높다. 일본해 쪽의 호쿠리쿠(北陸) 지방과 태평양 쪽의 도카이(東海) 지역으로 나눌 수 있으며, 중앙고지에는 히다산맥(飛驒山脈)과 기소산맥(木曾山脈), 아카이시산맥(赤石山脈) 등의 2,000~3,000m급 산맥으로 이어져 있는 소위 일본알프스가 있다.

여러 개의 높은 산들이 있어서 일본의 지붕이라고 불리는 일본알프스산맥은 주부 지방의 남북을 길게 가로지르고 있으며, 일본에서 가장 큰 호수 중에 도야마현의 구로베 호수(黑部湖) 등이 여기에 있다.

주부 지방은 일본 최대의 쌀 생산지이다. 또한, 쌀과 더불어 차, 밀감, 딸기, 포도, 복숭아, 사과 등의 농작물이 생산된다. 이곳에는 세 개의 산업지대가 있는데 도요타 자동차의 주요 설비본부가 있는 주쿄(中京) 산업지대, 야마하의 기반인 도카이(東海) 산업지대, 호쿠리쿠(北陸) 산업지대가 그것이다.

그러나 주부 지방에서 가장 유명한 것은 후지산(富士山)이다. 후지산은 3,776m로 일본에서 가장 높으며, 가장 사랑 받는 산으로 일본인들이 신성시하고 있다. 그 원추형의 모습은 예술가들에게 영감을 주어 왔으며, 일본의 상징으로서 세계적으로 알려져 있어, 7월 1일부터 8월 26일까지의 등반 시즌 동안 이곳은 많은 등반객들로 붐빈다.

주부 지방의 또 다른 관광지로 시즈오카현에 이즈페닌술라(伊豆ペニンシュラ)가 있는데, 이곳은 아열대 기후와 아름다운 해안, 그리고 많은 온천들로 유명하며 나가노현의 젠코지(善光寺) 등 유명한 사찰들 때문에 세계의 많은 관광객이 방문하고 있다. 그리고 일본알프스 등의 자연관광지가 많으며 기후현과 도야마현의 갓쇼즈쿠리 취락이 세계문화유산으로 등재되어 있다.

후지산 전경

5) 긴키(近畿) 지방

혼슈 중앙 서쪽에 위치하고 있으며, 오사카부(大阪府), 교토부(京都府), 미에현(三重県), 시가현(滋賀県), 효고현(兵庫県), 나라현(奈良県), 와카야마현(和歌山県)이 긴키 지방에 포함된다. 혼슈의 중서부에 위치한 긴키 지방은 산업적 측면으로 보면, 일본에서 두 번째로 중요한 곳이다. 옛 수도였던 교토(京都)가 바로 이 긴키 지방에 있으며, 오사카(大阪)와 고베(神戸) 같은 도시들이 일본 서부의 상업중심지로 자리를 잡고 있다. 쌀과 감귤류의 과일생산, 벌목, 수산업은 이 지역 경제에 있어서 중요한 산업이다. 오사카는 일본 서부의 금융 중심지로서, 화학, 기계류, 철강, 금속부문이 유명한 산업의 중심지이며 또한 신칸센(新幹線)을 통해 도쿄와 규슈를 연결하는 교통요지이다.

794년부터 1868년까지 일본의 수도로써 천황이 있었던 교토는 사찰과 신사, 여러 유적들로 유명하며 국보와 중요문화재로 지정된 많은 문화유산의 보고이다. 가장 인기 있는 관광지인 교토는 매년 일본뿐 아니라 외국에서 온 수백만의 관광객이 방문하고 있다. 일본 3대 경관 중의 하나인 아마노 하시다테(天野橋立)는 교토의 북동부에 위치한 모래톱이다. 이곳은 6,000그루 이상의 비틀린 소나무로도 유명하다.

긴키(近畿)가 확정되어 있는 경계선으로써 지리학적인 구분이라면, 간사이(関西)는 오사카와 교토, 고베를 총칭하여 문화와 역사적인 구분으로 간토(関東)와 대비되는 명칭이다.

고대 이후 에도 천도 이전까지는 일본의 정치, 경제, 사회, 문화의 중심지였던 지역으로 문화재가 많이 보존되어 있는 유수의 관광지이다. 시가현에는 일본 최대의 호수인 비와호(琵琶湖)가 있으며 나라현에는 도다이지(東大寺)와 호류지(法隆寺) 등 불교 건축물이 산재해 있다. 오사카 시내에는 도요토미 히데요시(豊臣秀吉)가 세운 오사카성(大阪城)이 있고 효고현에는 세계문화유산에 등재되어 있는 히메지성(姫路城)이 있다.

오사카성

히메지성

6) 주고쿠(中国) 지방

혼슈의 서쪽 끝에 위치하고 있으며, 돗토리현(鳥取県), 시마네현(島根県), 오카야마현(岡山県), 히로시마현(広島県), 야마구치현(山口県)이 주고쿠 지방에 포함된다. 중앙을 동서로 가르는 주고쿠산맥(中国山脈)이 일본해 쪽의 산인 지방(山陰地方)과 세토내해(瀬戸内海) 쪽의 산요 지방(山陽地方)으로 나뉘며, 두 지역의 기후와 풍토는 큰 차이를 보이고 있다. 산인 지방은 해안선이 단순하고 겨울에 눈이 많이 내린다. 반면 산요 지방은 해안선이 복잡하고 많은 섬이 속해 있으며 연간 많은 비가 내린다. 히로시마현은 제2차 세계대전 말에 세계 최초로 원자폭탄이 투하된 지역으로 히로시마에 있는 평화기념 공원에는 원폭기념관이 세워져 있어 그 당시의 비극을 떠올리게 하는 곳이다.

일본 3대 경관에 포함되고 미야지마(宮島)로도 알려진 이쓰쿠시마(厳島)도 히로시마현에 속한 섬이다. 이곳은 이쓰쿠시마 신사(厳島神社)로 유명한데 신사의 출입 통로가 섬과 혼슈 사이의 만(湾)에 있다.

이쓰쿠시마 신사(厳島神社)

7) 시코쿠(四国) 지방

혼슈의 서남쪽에 위치하고 있으며, 가가와현(香川県), 도쿠시마현(徳島県), 에히메현(愛媛県), 고치현(高知県)이 시코쿠 지방에 포함된다. 높고 험준한 산맥 때문에 농업과 거주는 제한을 받고 있으며, 대규모 산업 또한 없는 편이다. 시코쿠의 태평양 연안지역은 아열대 기후이다. 그리고 도쿠시마현과 효고현의 아와지시마(淡路島)를 연결하는 나루토 해협(鳴門海峽)은 소용돌이 해류로 유명하다.

북쪽 지역은 강수량이 적어 물 부족을 겪고 있으며, 남쪽 지역은 비가 많이 내리고 태풍이 자주 상륙한다. 혼슈와 바다를 사이에 두고 있어 교통이 불편한 지역이었으나, 최근에는 세토대교(瀨戶大橋)를 비롯한 세 개의 대교가 건설되어 도로와 철도로 연결되어 있다. 시코쿠 지역은 주로 농업과 어업이 발달해 있으며, 세토내해 연안 지역은 공업지대를 형성하고 있다.

세토대교

8) 규슈(九州) 지방

일본의 본토 남단에 위치하고 있으며, 후쿠오카현(福岡県), 사가현(佐賀県), 나가사키현(長崎県), 구마모토현(熊本県), 오이타현(大分県), 미야자키현(宮崎県), 가고시마현(鹿児島県)이 포함된다. 오키나와현(沖縄県)을 포함하여 규슈·오키나와 지방이라고도 부른다. 일본 열도의 최서남단에 위치한 지역으로 대륙과의 교류에 있어서는 고대부터 관문의 역할을 해온 지역이다. 이 지역은 중국이나 한반도, 동남아시아와의 접촉이 용이하여 예로부터 외래문화의 영향을 많이 받은 지역이기도 하다. 그리고 오키나와를 비롯한 남서제도는 일본의 다른 지역과 다른 독특한 문화를 형성해오고 있다.

4개의 주요 섬 중 가장 남쪽에 있는 규슈 섬과 1,400개 이상의 주변 섬들이 규슈 지방을 형성하고 있다. 규슈는 해안과 평야, 화산, 온천이 있는 지역으로 아열대 기후이며 농업과 축산업, 양돈, 그리고 수산업이 활발한 지역이다. 이곳의 기타큐슈 공업지대는 중화학공업의 집산지이다.

규슈는 교량과 해저터널, 도로와 철도로 혼슈와 연결되어 있다. 후쿠오카현의 하카타(博多)역은 산요신칸센(山陽新幹線)의 터미널이다. 주요 관광지는 온천으로 유명한 오이타현의 벳푸(別府)와 구마모토현에 있는 구마모토성(熊本城)과 아소산(阿蘇山), 가고시마현의 사쿠라지마(桜島)이다.

오키나와현은 규슈 남부에서 멀리 떨어진 60개의 섬들로 이루어져 있다. 오키나와현은 본래 류큐왕국(琉球王国)이라는 독립국이었는데, 에도 시대(江戶時代, 1603~1868)에 지금의 가고시마현인 사쓰마번(薩摩藩)의 지배하에 들어가게 되었고, 메이지 시대(明治時代, 1868~1912)

에 일본으로 강제 복속되었다. 오키나와는 태평양전쟁 이후부터 미군기지로 사용되다가 1972년 일본에 반환되었다.

이곳의 주요 산업은 관광 관련 산업이며, 연중 따뜻한 날씨 때문에 해상스포츠가 특히 인기 있다. 오키나와에는 이시가키지마(石垣島)와 미야코지마(宮古島)와 같은 산호로 유명한 아름다운 섬들이 많이 있다.

오키나와의 슈리성(首里城)

3. 일본의 지형과 자연재해

1) 일본의 지형

현재 일본의 지형은 중생대의 후기에서 신생대 제3기라는 지구의 역사에서도 상당히 늦은 시대에 활발한 조산운동의 결과 형성된 것이다. 따라서 현재도 지구상의 가장 불안정한 환태평양 조산대에 포함되어 있다. 지진도 많고 화산활동도 활발하며, 산지는 험준하며 높고 계곡은 좁고 깊다. 혼슈의 중앙부에는 3,000m가 넘는 산이 여러 개 있으며, 일본의 평야는 구조평야나 침식평야에 속하는 곳은 없고, 하천 하류에 토사가 퇴적하여 형성된 충적평야이다.

해발고도가 낮고 평평하며 비옥한 충적평야는 벼농사를 기본으로 하는 농업에 있어서 상당히 중요하며, 도시 중에서 대도시는 거의 예외 없이 충적평야에 위치하고 있다. 따라서 압도적으로 많은 사람이 충적평야에 살고 공업 활동도 상업 활동도 충적평야를 중심으로 전개되고 있다. 철도나 도로망도 충적평야에 위치하는 도시를 중심으로 건설되어 있다. 이렇게 충적평야는 일본에 있어서 매우 중요한 생활공간이지만 유감스럽게도 방재라는 관점에서 보면 커다란 약점을 가지고 있다. 즉 해발고도가 낮고 지반이 약하기 때문에 오랜 세월에 걸쳐서 지하수를 끌어올린 결과 지반침하를 일으키고 있다. 도쿄나 오사카에는 인구 밀집지역 중에서 해발 제로미터 이하의 지역이 넓게 펼쳐져 있다.

일본의 지형은 오랜 세월에 걸친 지각변동, 화산활동 및 이에 따른 해안선의 변화로 일본의 국토 형태에서 지질학적 역사를 알 수 있다. 그리고 일본은 대부분이 높은 산과 협곡으로 구성되어 남북으로 가늘고 길게 이어져 있으며, 산맥은 주로 혼슈의 중앙부에 등뼈처럼 남북으로 늘어져 있는 지형을 따라서 이어져 있어 국토의 75%가 산지이다. 혼슈에 있는 일본알프스는 환태평양의 일부로서 매우 아름답고, 가장 유명한 산은 일본에서 가장 높은 후지산이다.

강은 주로 혼슈의 중앙부에서 동이나 서로 흐르게 된다. 중앙이 높고 동서로 좁은 일본의 지형에 따라 강은 그 흐름이 빠르고 짧다. 그러므로 여러 곳에 댐을 막아 저수를 하여 수자원으로 이용하고 있다.

2) 일본의 기후

일본의 기후는 주로 습도가 높은 온대 기후에 속하지만, 국토가 남북으로 길고 위도상으로 변화가 크기 때문에 아열대에서 아한대에 이르기까지 다양한 기후 분포를 나타내고 있다. 그러므로 지역에 따라 기후의 변화가 매우 심하다. 북쪽의 홋카이도와 혼슈의 북부 및 중부 내륙의 고지대는 아한대 기후, 남쪽의 오키나와를 비롯한 여러 섬들은 아열대 기후를 보이고 있으며. 그 이외의 대부분의 지역은 다습한 온대성 기후 분포를 나타내고 있다. 연평균 기온은 홋카이도의 와카나이(稚内)가 6.3℃, 오키나와의 나하(那覇)가 22.3℃로 최북단과 최남단의 차이가 16℃에 달한다.

3) 자연재해

혼슈의 중앙부는 2,000m급 산맥으로 이루어져 있기 때문에 일본해 쪽과 태평양 쪽으로 나뉘어 각각 대륙 기후와 태평양 기후의 영향을 받는다. 이러한 지리적 조건 때문에 태평양 쪽 지역은 초여름에 장마와 집중호우, 여름과 가을에는 태풍의 피해가 빈번하고 일본해 쪽 지역은 겨울에 강설량이 많아 폭설 피해가 많다. 그리고 장마와 태풍이 가져오는 강수량은 지역에 따라 차이가 있지만, 남쪽으로 갈수록 강수량이 많아진다. 장마와 태풍은 일본의 수자원 확보에 기여하고 있기도 하지만, 자연재해의 큰 요인이 된다. 일본은 지리적으로 환태평양 지진대에 속해 있기 때문에 지진과 화산 활동이 매우 활발하여 지진과 화산 피해도 많다. 이와 같이 일본은 지진, 화산, 홍수, 태풍, 폭설 등의 자연재해로 인한 인명과 재산의 피해가 많은 국가이다.

4) 지진

일본은 환태평양 지진대에 속하는 국가로 태평양 플레이트, 필리핀 플레이트, 유라시아 플레이트, 북미 플레이트 등 4개의 플레이트가 부딪치는 곳에 위치하고 있어 지반이 매우 불안정하다. 세계에서 발생하는 진도(震度) 6.0 이상의 지진 중에서 약 20%가 일본에서 발생하고 있고, 감지하지 못하는 지진까지 포함하면 상당히 많은 지진이 일어난다. 최근 100년 사이의 대표적인 지진은 1923년의 간토대지진(関東大震災)과 1995년 한신대지진(阪神大震災), 2011년 동일본대지진(東日本大震災)이다. 이들 세 지진으로 대략 17만 여명의 사망자가 발생할 정도로 막대한 인명피해를 입게 되었으며, 사망자의 상당수가 화재와 쓰나미에 의한 2차 피해로 파악되고 있다. 특히, 간토대지진 때는 재일한국인에 대한 악의적인 유언비어가 퍼져나가 재일한국인이 대규모로 학살당하는 일까지 벌어졌다.

⇦ 간토 대지진

한신 대지진 ⇨

⇦ 동일본 대지진

5) 화산

일본은 화산 활동이 활발해 화산 분화로 인한 피해가 자주 발생한다. 화산 분화로 인해 흘러나온 용암이나 화산재가 인명과 주택, 가축, 농지 등의 피해를 입히는 경우가 종종 있다. 2000년에는 도쿄도의 미야케지마(三宅島)에서 화산이 분화하여 섬주민이 모두 대피한 일이 있다. 그리고 나가노현과 기후현에 걸쳐있는 온타케산(御嶽山)은 2014년에 화산 분화가 일어나 다량의 화산재가 분출되어 등산객 50명이 넘는 사망자가 발생했다. 일본을 대표하는 후지산도 여러 차례 분화했으며, 앞으로도 분화할 가능성이 높은 곳이다. 또한 일본은 전국적으로 화산이 분포하고 있어 양질의 온천이 발달하여 세계적인 수준의 온천 관광지로 발전하고 있다.

사쿠라지마 화산

6) 태풍과 폭설

북태평양 남서부에서 발생한 열대성 저기압이 발달하여 여러 태풍이 일본에 상륙한다. 특히 오키나와현과 가고시마현, 그리고 고치현에는 매년 태풍이 상륙하거나 지나간다. 이와 같이 일본은 태풍이 빈번하게 통과하며, 해발고도가 낮은 지역이 그 피해를 받기 쉽다. 태풍에 의한 강풍과 호우, 하천의 범람 등으로 매년 막대한 피해가 발생하고 있는데, 나고야에서 1959년 이세만(伊勢湾) 태풍으로 인해 많은 인명 피해가 발생했다.

그리고 혼슈의 일본해 인접 지역은 유수의 폭설지역이다. 겨울철에 대륙에서 불어오는 계절풍이 일본해의 수증기를 머금은 상태로 혼슈 중앙부의 산맥에 부딪쳐 많은 눈이 내린다. 산간 지역에서는 2~3m의 눈이 내리고 지역에 따라서는 5m 이상의 눈이 내리는 경우도 있다. 적설 기간도 5개월 이상 지속되는 곳이 있으며, 이 기간에는 주민들의 경제 활동이 어려워지고 쌓인 눈으로 인해 집이 붕괴 위험에 처하게 되는 경우도 있기 때문에 강설량이 많은 지역은 무엇보다도 제설 작업에 총력을 기울여야 한다.

제2장 일본의 언어와 문학

1. 일본어

1) 일본어의 계통

일본어의 계통은 북방 언어 계통설과 남방 언어 계통설이 있다. 그런데 일본어의 계통에 관해서는 그동안 많은 학자들의 연구에도 불구하고 아직도 명확한 결과를 도출하지 못하고 있다. 일본어와 가장 가까운 것은 알타이어, 특히 한국어와 가깝다는 견해가 많지만, 아직 정설은 없는 상태이다. 북방설은 한국어 또는 몽골어, 퉁구스어, 터키어 등 알타이어족에 속하는 언어와 일본어가 관계가 있다는 학설이다. 이에 대해 남방설은 말레이-폴리네시아어, 또는 티베트-미얀마어와 일본어와의 관계를 강조하는 학설이다.

최근 비교적 활발히 논의되고 있는 학설로는 일본어의 중층론(中層論)이라는 것이 있다. 중층론은 두 가지 이상의 언어가 복합적으로 일본어를 구성하고 있다고 생각하는 견해이다. 일본열도에는 처음에는 남방계 언어가 사용되고 있었는데, 그 후 알타이어 계통의 언어가 도래해서 그 결과 일본어는 남방계 언어 요소와 북방계 언어 요소가 혼재되어 있다고 보는 견해이다. 대략적으로는 남방어가 일본어의 기반을 이루고 있으며, 이후 북방어를 수용했을 것이라고 추측하고 있지만 일본어 계통의 문제는 아직 확실히 정립되지 않았다.

일본어와 한국어는 어순이 거의 같고 경어나 조사를 사용하는 등의 문법면에서 유사한 점을 찾을 수 있을 것이다. 그래서 한국어와 일본어를 같은 계통의 언어로 생각하기 쉽고, 같은 알타이어족에 속하는 언어로 분류하기도 한다. 그러나 동일 어원의 어휘가 극히 적어 음운대응 관계를 수립하는 것이 어려운 상태이다. 현재로서는 한국어와 일본어가 같은 계통의 언어라는 것을 증명할 만한 언어학적인 사실은 아직 제시되고 있지 않다.

일반적으로 한국어와 일본어는 주어, 목적어, 동사 등의 순으로 이어지는 어순이 유사하고 한자와 한자어를 공유할 수 있는 한자문화권이라는 점에서 한국인에게는 일본어가 가장 이해하기 쉬운 언어라고 볼 수 있을 것이다.

2) 일본어의 문자표기

일본어는 중국어와 계통이 전혀 다른 언어이지만, 일본어를 표기하는 문자는 중국어의 표기문자인 한자(漢字)에서 파생되어 만들어진 문자이다. 한자는 6세기경에 한반도를 거쳐 일본에 전해진 것으로 알려져 있는데, 한자가 일본에 전해진 이후 그것을 토대로 해서 일본인들은 두 종류의 표음문자(表音文字)인 가타카나(片仮名)와 히라가나(平仮名)를 고안하여, 표의문자(表意文字)인 한자와 더불어 현재까지 사용하고 있다.

가나(仮名)를 만드는 방식은 히라가나의 경우는 한자의 초서체를 간략하게 줄여서 만들었고(예: 安—あ, 以—い, 宇—う 등), 가타카나의 경우는 한자의 부나 변, 방 등을 따서 만들었다(예: 阿—ア, 伊—イ, 宇—ウ 등). 히라가나와 가타카나 즉, 가나는 음절문자로서 보통 50음도로 정리할 수 있다.

로마자의 대, 소문자처럼 서로 1:1로 대응되는 글자들로 구성되어 있으나, 로마자와 다르게 히라가나와 가타가나는 각각 다른 한자에서 파생된 경우가 많기 때문에 모양이 매우 다르다. 예를 들어 /sa/를 표기하기 위한 가나는 각각 さ와 サ이다.

일본어에는 타 언어에서 차용한 수많은 외래어가 사용되고 있다. 특히 8-19세기 사이에는 중국어에서, 20세기 이후에는 주로 서양에서 많은 어휘를 받아들여 사용하고 있다. 일본어는 문법적으로 알타이어 계통에 가까운 언어이지만, 선사시대 어느 시기의 어휘와 어형에 있어 남방의 말레이-폴리네시아어의 영향을 받은 것으로 보는 연구자들의 의견이 유력해지고 있다.

일본어의 표기는 한국어를 표기할 때 한자와 한글을 병용하는 방식과 비슷하지만, 일반 표기를 할 때에는 한자와 히라가나를 쓰고, 외래어나 의성어, 의태어를 표기할 때에는 가타카나를 사용하게 되어 있어 비교적 복잡하다고 할 수 있다. 또한, 명사·동사·형용사 등은 한자로 표기하고, 동사나 형용사의 어미나 조동사·조사는 가나로 표기하는 것이 일반적이다.

가나는 한자에서 유래한 것인 만큼 한자 표기와 같이 세로쓰기가 일반적이었지만, 현대에 와서는 가로쓰기도 병용하여 쓰이고 있는데, 현재는 숫자와 외국어 인용에 편리한 가로쓰기가 일반화되어 가는 추세이다. 그러나 일본인들에게는 여전히 세로쓰기가 읽기 편해 신문이나 잡지, 서적 등에서는 세로쓰기를 지키고 있는 경우가 많다.

일본어 표기 체계에서 한자는 글자 하나가 복수의 독법이 존재하는 것이 일반적이다. 일본어에서 한자를 읽는 방법은 크게 음독(音読み)과 훈독(訓読み)으로 나뉜다. 음독은 일본 한자음으로 한자를 읽는 것이며, 일본 한자음은 유입된 시기별로 한음(漢音), 오음(呉音), 당음(唐音) 등으로 나뉜다. 예를 들어 「明」의 오음은 「ミョウ(myō)」, 한음은 「メイ(mei)」, 당음은 「ミン(min)」이다. 훈독은 한자를 읽는 법이라기보다는, 의미 구분을 쉽게 하기 위해서 한자어가 아닌 순 일본어를 같은 의미의 한자로 빌려 적고 읽는 것이다. 다시 말하면 훈차가 보편화된 것이다. 예를 들면, 「や(ya)」라는 단어는 屋과 家에 둘 다 쓰이고, 「後」는 「あと」, 「のち」, 「うしろ」에 대응될 수 있다. 그 외에 두 글자 이상의 한자어에 대해 한 고유어를 대응하는 방법인 숙자훈(熟字訓)도 있으며, 인명이나 지명 같은 경우 상용독법 범위 밖에서 새로운 독법을 쓰기도 한다.

한자 독법의 극단적인 예로 「生」을 들 수 있다. 이 글자는 한국어에서는 「생」, 표준중국어에서는 「shēng」이라는 하나의 독음만 있다.

그러나 일본어에서는 상용독법 내에서만 따져도 음독으로는 「ショウ」와 「セイ」, 훈독으로는 「いきる」, 「いかす」, 「いける」, 「うまれる」, 「うむ」, 「おう」, 「はえる」, 「はやす」, 「き」, 「なま」 등이 있다. 여기에 상용독법 범위 내에 없는 독법(인명·지명 등)까지 포함하면 더 많아질 수 있다.

あ a	い i	う u	え e	お o
か ka	き ki	く ku	け ke	こ ko
さ sa	し shi	す su	せ se	そ so
た ta	ち chi	つ tsu	て te	と to
な na	に ni	ぬ nu	ね ne	の no
は ha	ひ hi	ふ fu	へ he	ほ ho
ま ma	み mi	む mu	め me	も mo
や ya		ゆ yu		よ yo
ら ra	り ri	る ru	れ re	ろ ro
わ wa		ん n		を wo

ア a	イ i	ウ u	エ e	オ o
カ ka	キ ki	ク ku	ケ ke	コ ko
サ sa	シ shi	ス su	セ se	ソ so
タ ta	チ chi	ツ tsu	テ te	ト to
ナ na	ニ ni	ヌ nu	ネ ne	ノ no
ハ ha	ヒ hi	フ fu	ヘ he	ホ ho
マ ma	ミ mi	ム mu	メ me	モ mo
ヤ ya		ユ yu		ヨ yo
ラ ra	リ ri	ル ru	レ re	ロ ro
ワ wa		ン n		ヲ wo

오십음도(히라가나, 가타카나)

3) 일본어의 경어표현

일본어는 한국어와 마찬가지로 말하는 사람이 듣는 사람에 대해 경의를 나타내는 경어가 발달한 언어이다. 경어는 넓은 의미로는 스피치 내용 전체를 뜻하고, 좁은 의미로는 경의를 나타내는 말이나 표현방식을 일컫는다. 이러한 경어 표현의 방식에는 듣는 사람에 대해 말하는 사람의 입장이나 관계 또는 대화의 전후 관계에 따라 달라지며, 실로 다양한 경어표현이 존재한다.

그리고 일본어의 경어 표현은 기본적으로 말하는 사람과 듣는 사람의 지위나 친밀도에 의해서 결정된다. 일반적으로 듣는 사람과 말하는 사람보다 윗사람이거나 친밀도가 낮은 경우에는 정중표현(です, ます)을 사용한다. 그리고 말하는 사람과 듣는 사람 사이의 양자 관계는 연령이나 성별, 직함, 그리고 사회적 직위나 친밀도 등에 의해서 결정된다.

경어표현을 사용하는 조건에 있어서는 상대방이 윗사람인 경우에 경어가 쓰이는 것은 당연하겠지만, 윗사람이라도 경어를 쓰지 않는 경우가 존재한다. 일본어 사용에 있어서도 격식을 차려야 할 경우를 제외하고는 화제의 인물이 그 장소에 있는 경우가 아니면 그 사람에게 경어를 쓰지 않는 것이 보통이다. 그러나 친족 이외의 상위관계에 있는 사람, 사제 관계에 있는 선생님 등에 대해서는 본인이 없어도 경어를 쓰는 것이 일반적이다. 한국어에서는 원칙적으로 화제의 인물이 자기보다 윗사람인 경우에 경어를 사용하는 것이 일반적이지만, 일본어에서는 듣는 사람에 대한 배려라는 측면에서 화제의 인물이 말하는 사람 쪽인지 듣는 사람 쪽인지에 따라서 경어의 사용이 결정된다. 이러한 점에서 일본어를 상대경어, 한국어를 절대경어라고 할 수 있다.

4) 일본어의 외래어

일본어에서 서양계 외래어가 등장한 것은 16~17세기 남만인(南蠻人)이 일본에 들어오면서 비롯되었다.「キリスト(그리스도)」,「メリヤス(메리야스)」,「カッパ(비옷)」 등의 포루투칼어와「ビール(맥주)」,「ガラス(유리)」,「タバコ(담배)」 등의 네덜란드어에서 들어온 외래어가 이에 해당한다. 그리고 1868년부터 메이지유신(明治維新)의 단행과 더불어 문호가 개방되고 서양의 서적과 문물이 대량으로 수입되면서 영어, 프랑스어, 독일어 등의 외래어도 함께 들어오게 되었다. 현재는 영어에서 들어온 외래어가 압도적으로 많은데,「ハネムーン(허니문)」,「ホテル(호텔)」,「ピアノ(피아노)」,「アイス(아이스)」,「チーズ(치즈)」,「ミルク(밀크)」 등이 영어계 외래어이다. 프랑스어에서 들어온 외래어는「チョッキ(조끼)」,「ズボン(바지)」,「サラダ(샐러드)」,「マヨネーズ(마요네즈)」 등과 같이 복식이나 요리 등에 관련된 용어가 많고, 독일어에서 들어온 것은「アレルギ(알레르기)」,「カプセル(캅셀)」,「イデオロギー(이데올로기)」,「ヘゲモニー(헤게모니)」 등과 같이 의학, 인문과학 등에 관련된 용어가 많았다.

일본어는 한국어보다 외래어를 많이 사용하는데, 주로 가타카나로 표기한다. 외국의 언어는 외국에서 새로운 문물과 서적이 들어오면서 일본에 함께 들어오게 된다. 이 때 전문용어 등의 경우에 일본어에 대응하지 않는 경우가 있으므로 외국어를 그대로 차용하게 되며, 대응하는 표현이 있다 하더라도 새로운 느낌이나 고급스러운 느낌을 강조하기 위해 외래어를 사용하는 경우도 있다.

2. 일본의 문학

1) 고대와 중고문학

일본의 문학은 일본어와 더불어 시작되었는데, 고대국가의 성립 시기인 6세기 이후라고 볼 수 있다. 한자문화권에 속해 있는 일본은 19세기 중엽까지는 한국 문학과 마찬가지로 중국의 영향을 받아가면서 발전하였고 19세기 중엽 이후부터는 근대 서양 문학의 영향을 받게 된다. 일본은 7세기 초에 시작된 중국과의 교류를 통해 중국의 발전된 문화와 기술, 제도 등을 받아들이게 된다. 이러한 중국과의 교류를 바탕으로 하면서 천황가에 의한 국가 통일의 정당성을 부여하기 위해 쓰인 『고지키(古事記)』와 『니혼쇼키(日本書紀)』 등의 역사서가 편찬되었다. 이 역사서에는 신화와 영웅 전설, 그리고 역사적 사건의 내용이 들어있는 고대가요가 포함되어 있다.

그리고 일본 최초의 고대 시가집인 『만요슈(万葉集)』가 완성되는데, 한자의 음운을 통해서 일본어를 표기하는 만요가나(万葉仮名)를 사용하고 있다. 다양한 음수율을 갖는 정형시를 수록하고 있고, 그 중에서 31음(5·7·5·7·7)의 정형시인 와카(和歌)가 가장 많은 수를 차지하고 있다. 이 와카는 헤이안 시대(平安時代, 794~1185)에 들어서 큰 인기를 누렸다. 유명한 와카집으로는 『만요슈』를 비롯하여, 『고킨와카슈(古今和歌集)』, 『신고킨와카슈(新古今和歌集)』를 들 수 있는데, 만요슈는 최고(最古)이자 최고(最高)의 문학 작품으로 평가받고 있다. 『만요슈』에는 약 4,500수의 와카가 실려 있으며 일본인의 보편적인 서정을 이해하는데 매우 가치가 있는 작품이다. 또한 한국의 향찰에 해당하는 만요가나로 기록되어 있어 고대 일본어 연구에 있어서 매우 중요한 자료적 가치를 갖고 있다.

가나 사용의 시작은 산문체 문학의 발전을 촉진시켰는데, 일본 최초의 고소설로서 전기적인 내용의 『다케토리모노가타리(竹取物語)』와 와카에 얽힌 이야기를 주된 내용하는 하는 『이세모노가타리(伊勢物語)』를 들 수 있다. 그리고 일본 궁중여성들에 의해 산문문학이 만들어지는데, 무라사키 시키부(紫式部)의 소설집 『겐지모노가타리(源氏物語)』와 세이 쇼나곤(清少納言)의 수필집 『마쿠라노소시(枕草子)』 등을 들 수 있다.

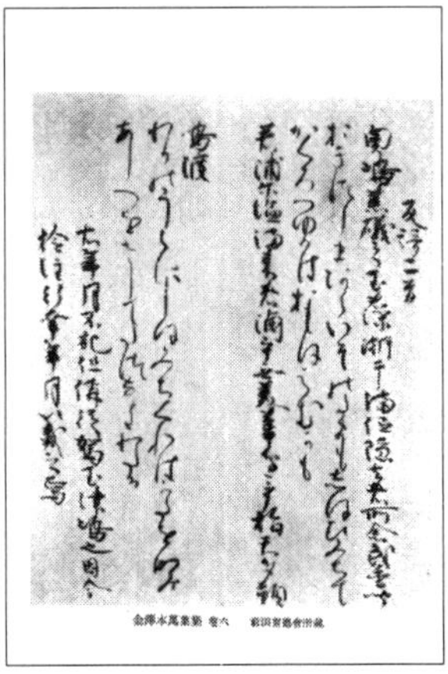
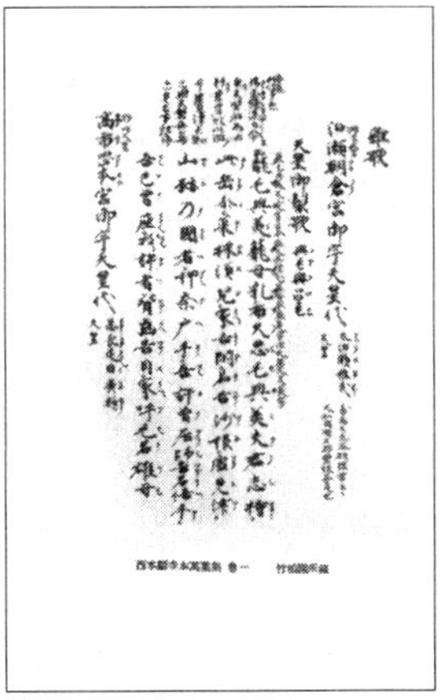

만요슈(万葉集)

2) 중세문학

중세는 13세기부터 16세기에 이르는 가마쿠라 시대(鎌倉時代, 1192~1333)와 무로마치 시대(室町時代, 1334~1573)를 말한다. 이 시기는 귀족을 대신해 무사 계층이 정권을 장악했던 시기이다. 이 시기에는 무사 계층을 배경으로 하여 탄생한 새로운 문학 양식이 있기는 했지만 여전히 귀족이나 승려 등 당시 지식인 계급의 손에 의한 문학이 주류를 이루었다.

이 시대에는 역사 모노가타리의 한 종류이기는 하지만 특히 전쟁에 대해 기록한 군기 모노가타리가 새로운 문학 장르로 등장했다. 호겐(保元)과 헤이지(平治)의 난에 이어 발생한 다이라(平) 씨와 미나모토(源)씨의 전쟁 경험은 『호겐모노가타리(保元物語)』, 『헤이지모노가타리(平治物語)』, 『헤이케모노가타리(平家物語)』 등의 작품을 잇따라 낳아 군기 모노가타리를 발전시켰다. 특히 『헤이케모노가타리』는 비파를 치면서 전쟁담을 들려주고 다니는 승려 차림의 예능인들에 의해 널리 전해졌다. 『헤이케모노가타리』에 이어 남북조 시대의 전란을 묘사한 『다이헤이키(太平記)』가 등장했다.

12세기 말에는 전쟁 등의 혼란으로 인해 불교적 무상관이 크게 영향을 받은 작품들이 등장했다. 이러한 무상관은 『헤이케모노가타리』를 비롯하여 가모노 조메이(鴨長明)의 수필집 『호죠키(方丈記)』, 14세기 후반의 요시다 겐코(吉田兼好)의 수필집 『쓰레즈레쿠사(徒然草)』에도 공통적으로 나타나고 있다. 『호죠키』와 『쓰레즈레쿠사』는 『마쿠라노소시』와 함께 일본 3대 수필로 꼽힌다.

3) 근세문학

기나긴 전란이 끝난 후, 에도(江戶)에 중앙집권정부가 수립되고, 통일화폐가 유통되면서 시장 경제가 발달하게 되었다. 이러한 사회적 배경을 바탕으로 막강한 경제력을 가진 조닌(町人) 계급이 등장하게 된다. 이들 조닌들의 활약으로 에도와 오사카를 중심으로 도시경제가 발전하고 상인들의 생활 수준이 향상됨에 따라 문학 작품은 시장성이 높은 상품으로 떠오르면서 출판 산업이 발달하고 문예 대중화의 시대를 맞이하게 된다.

이 시기에 이하라 사이카쿠(井原西鶴)가 에도 상인들의 성과 금전에 관련이 있는 생활을 묘사한 『호색일대남(好色一代男)』을 비롯하여, 호색녀의 삶을 그린 『호색일대녀(好色一代女)』 등의 작품이 등장한다.

18세기 중반에 유행한 단기본(談義本)을 바탕으로 한 곳케이본(滑稽本)은 우선 히라가 겐나이(平賀源內)의 날카로운 풍자로 인기를 끌었으며, 대표적인 작가는 짓펜샤 잇쿠(十返舍一九)와 시키테이 산바(式亭三馬)이다. 19세기 초반에 등장한 짓펜샤 잇쿠는 『도카이도추히자쿠리게(東海道中膝栗毛)』를 시작으로 20년에 걸쳐 속편을 썼다. 시키테이 산바는 『우키요부로(浮世風呂)』와 『우키요도코(浮世床)』로 당대를 사는 조닌들의 대화를 생생히 묘사해 이름을 떨쳤다.

시가(詩歌)에서는 중세 렌가(連歌)의 유행에 이어 에도 시대(江戶時代, 1603~1867)에는 17음의 하이카이(俳諧)가 크게 유행했다. 렌가는 자연과 서민들의 생활을 주요 소재로 삼았으며, 마쓰오 바쇼(松尾芭蕉) 등에 의해 예술성이 크게 고양되었다.

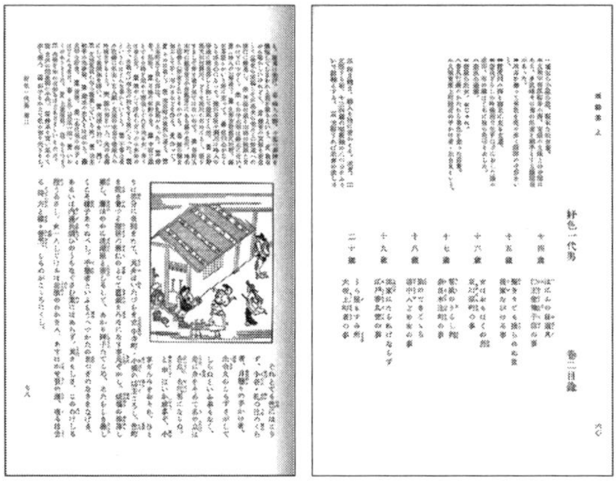

이하라 사이카쿠(井原西鶴)의 『호색일대남(好色一代男)』

4) 근현대문학

메이지 유신 이후 서구의 기술과 문화를 받아들이면서, 문학에서도 중국 문화를 대신해 서구 문화가 본격적으로 수용되기 시작한 것이다. 오랜 쇄국 상태에서 벗어나 문명개화의 표방에 따른 무비판적이라고 할 수 있을 정도의 서양 추종은 시행착오와 혼란도 있었으나 일본 국민의 세계관이나 사회 구조에 커다란 변혁을 가져와서 근대화를 급속도로 추진시켰다. 그 결과로 소설이 일본 문학의 중심적인 장르로 등장하게 되었다. 일본 근대소설의 출발은 서양 문학의 번역본이 소개되기 시작한 메이지 시대(明治時代, 1868~1912)이다. 이와 관련하여 문학에서 사용되는 문장 표현이 문어체에서 구어체로 바뀌게 되었고, 일본 최초의 언문일치 작품이 탄생하기에 이른다. 에도 시대의 통속소설이 메이지 시대 초기의 문체와 내용에 많은 영향을 미치고 있었는데, 쓰보우치 쇼요(坪內逍遙)는 이에 반발하여 평론 『소설신수(小說神髓)』에서 일본어로 쓰는 근대소설의 이론과 방법론을 제시하게 된다. 쓰보우치 쇼요의 이론과 지도에 의해 일본 최초의 근대소설이라고 불리는 후타바테이 시메이(二葉亭四迷)의 『부운(浮雲)』이 탄생했다. 『부운(浮雲)』은 언문일치의 문체로 자유로이 표현했다는 점과 주인공의 내면 심리를 적확하게 묘사했다는 점에서 근대 문학의 선구적인 작품으로 평가되고 있다.

한편, 이전 시대의 시가문학도 이시카와 다쿠보쿠(石川啄木), 요사노 아키코(与謝野晶子), 마사오카 시키(正岡子規) 등의 활약을 통해 지속되고 있었으며, 서구시의 영향을 받은 자유시도 적극적으로 받아들여졌다. 그리고 자유시의 최초 성과는 시마자키 도손(島崎藤村)의 시집 『와카나슈(若菜集)』에서 나타났다. 일본 문학에 영향을 미친 문예사조는 1890년대에 모리 오가이(森鷗外)에 의해 낭만주의, 우에다 빈(上田敏)의 번역시집 『해조음(海潮音)』의 상징주의, 그리고 1910년경에 전성기를 맞다가 후에 사소설로 발전한 자연주의 등이 있다.

현대 일본의 사실주의 소설을 완성시킨 것은 나쓰메 소세키(夏目漱石)이다. 나쓰메 소세키의 일련의 소설들은 지금도 여전히 일본 중산층들의 인생을 가장 면밀하게 검증한 작품으로 평가받고 있다. 나쓰메 소세키의 소설 『마음(こころ)』은 한 여자를 동시에 사랑한 친구를 자살로 몰아갔던 죄책감에 시달려, 주인공 자신도 죽음을 택한다는 내용이 그려져 있다. 나쓰메 소세키와 더불어 이 시대를 대표하는 지식인의 한 사람으로 모리 오가이가 있다. 의사, 군의관, 번역가, 평론가, 작가 등 다양한 사회적 활동을 한 모리 오가이는 독일을 무대로 일본인을 주인공으로 한 로맨틱한 작품을 발표하면서 주목받기 시작했다. 그의 소설 『무희(舞姬)』는 베를린에서의 젊은 일본인 유학생

과 가난한 독일 무용수와의 운명적인 사랑을 그린 작품으로 근대문학의 선구적인 작품으로 평가를 받고 있다.

일본의 대표적인 단편소설의 작가인 아쿠타가와 류노스케(芥川龍之介)는 그의 대표작 『라쇼몬(羅生門)』에서 심리적 섬세함과 현대적 풍자를 이질적 희열성과 결합시킨 완성도 높은 소설로 평가받고 있다. 노벨문학상 작가인 가와바타 야스나리(川端康成)는 『설국(雪國)』에서 등장인물 사이에 터무니없는 거리를 만들고, 정말 확고한 약속처럼 여겨졌던 인간 관계 조차도 위협하는 친밀함에 대한 두려움을 표현하고 있다.

패전 직후의 일본 소설을 패전 쇼크와 혼란만으로 특징지을 수 없다. 패전 직후에는 문학계의 활기찬 재생의 움직임이 나타나기 시작했는데, 이 시기에 활동한 전후 작가 그룹을 제1세대 전후 작가라고 한다. 전쟁 전에 마르크스주의에 심취해 있던 이들 작가 그룹은 자신들이 경험한 정치적·철학적·도덕적 측면에 있어서 검증할 수 있는 소설의 필요성을 제기했다. 노마 히로시(野間宏)의 『진공지대(眞空地帶)』에서 전시 중의 군대를 압제적인 전쟁 질서의 확대판으로 보았고, 오오카 쇼헤이(大岡昇平)는 『야화(野火)』에서 필리핀 전쟁을 통해 인간성의 극한을 경험한 고독한 일본 병사를 그려냈다.

제2세대 전후작가 그룹에는 아베 코보(安部公房), 미시마 유키오(三島由起夫) 등을 들 수 있다. 아베 코보는 카프카적 실존주의를 그린 우의소설(寓意小說)을 주로 썼으며, 대표작으로 『모래의 여자(砂の女)』가 있다. 미시마 유키오는 미의식과 외형에 집착하면서도 내면은 공허하다고 보는 그의 전후 일본관을 그려냈다. 『금각사(金閣寺)』에 등장한 인물을 복잡한 심리 검증을 그려내고자 했다.

그리고 제3세대 전후 작가들은 사소설의 재건을 꾀했는데, 고지마

노부오(小島信夫)는 『포옹가족(抱擁家族)』에서 가족제도의 붕괴를 검증했고, 엔도 슈사쿠(遠藤周作)는 가톨릭 신자로서 기독교가 박해를 받은 17세기 초의 일본을 배경으로 한 『침묵(沈黙)』에서 배신, 비겁함, 순교의 문제를 다루었다.

근대문학의 주류를 이루는 것은 소설과 평론인데, 메이지 초기의 20년간은 계몽기로서 개관되며 구(舊)문학에서 벗어나 신문학을 모색하는 태동이 시작되었다. 문학의 본격적인 근대화는 1890년대에 들어 비로소 추진되기 시작하였으며, 사실주의·낭만주의·자연주의를 계기로 발전해 나가는 것이 전전 문학 초기의 커다란 흐름이다.

전후 다시 문단은 활기를 되찾아 먼저 기성 작가에 의해서 사소설(私小說)·풍속소설을 주축으로 하는 전전 문학의 전통이 부활되었고, 이어 민주주의 문학, 전후파 문학의 활동이 나타나 연이어 신인들이 등장했다.

일본 서점 (쓰타야 서점)

제3장 일본의 전통 예능과 스포츠

1. 전통 연극과 예능

1) 노(能)

노는 일본 전통의 가면무도극의 한 장르로 노와 교겐(狂言)을 총칭해서 메이지 시대 이전에는 사루가쿠(猿樂)라고 했으며, 메이지 시대 이후에는 노가쿠(能樂)라고 했다. 신을 즐겁게 하는 공양물인 사루가쿠 속의 노래와 춤이 독자적으로 발전을 거듭하여 가마쿠라 시대 후반에 노의 원형이 생겨났다. 그리고 오늘날과 같은 양식으로 정착된 것은 무로마치 시대인 14세기이다. 14세기 중반 교토(京都)와 나라(奈良)에 신사와 절의 보호 아래 노의 직업극단이 결성되었다. 그들은 관람료를 받고 보여주는 간진노(勸進能)를 흥행시키면서 상업적으로 발달하기 시작했다. 당대 예능계의 일인자였던 간아미(観阿弥)는 민간예능으로 계승되어 온 사루가쿠를 바탕으로 더욱 세련되고 예술성 있는 가무극으로 발전시켰고, 그의 아들인 제아미(世阿弥)는 이를 더욱 발전시켜 오늘날과 같은 형식의 노를 완성하였다. 제아미는 배우인 동시에 작가, 연출가이자 노의 이론가로 노에 대한 연극이론을 정립하였다.

에도 시대에는 노가 도쿠가와 막부의 공식적인 행사가 되었으며, 노는 한층 더 체계화되었다. 메이지 유신 이후에는 일부의 귀족계급의 지원으로 유지되었고, 제2차 세계대전 이후에는 열정적인 애호가

들에 의해 지속되고 있다. 그리고 노를 상연하는 중간에 진행되는 교겐(狂言)은 진지한 노 공연 사이에 등장하는 구성으로 분위기를 전환해주는 역할을 하고 있다. 교겐은 대사 연극으로서 노와는 다르며, 두 사람 또는 두 사람 이상의 대립·갈등으로 전개해 나가는 희극적인 막간 연극이다.

노(能) 상연 모습

2) 가부키(歌舞伎)

가부키는 에도 시대에 서민중심의 예능으로 시작하여 현재까지 이어져 오고 있다. 가부키는 「歌(음악)+舞(무용)+伎(연기)」를 나타내고 있어 한자를 통해서도 가부키의 구성을 대략 이해할 수 있다. 스토리가 중심인 현대 연극과는 달리, 음악과 무용을 중심으로 진행되는 무용극이다. 가부키는 이즈모타이샤(出雲大社)의 무녀인 오쿠니(阿国)가 1603년 교토에서 여성으로 구성된 집단을 데리고 춤을 추면서 촌극을 한 것에서 비롯되었다. 오쿠니의 여성 가부키의 매력은 연극에서의 관능적인 춤과 정사 장면이었다. 오쿠니의 공연이 화제가 되고 널리 알려지자 이를 모방하는 여성 중심의 극단들이 많이 생겼다. 그러나 기생을 겸한 이들 예술인들과 관객들이 종종 말썽을 일으키면서 에도 막부는 여성이 가부키 무대에 오르는 것을 금지하였다. 그 후부터는 젊은 남성인 와카슈(若衆) 가부키가 성공을 거두었는데, 여성 가부키와 마찬가지로 미소년의 배우가 여장을 했기 때문에 풍기문란을 조장한다고 하여 엄격히 금지시켰다.

18세기에는 인형극인 닌교조루리(人形淨瑠璃)의 히트 작품이 가부키의 중요한 레퍼토리가 되었다. 그리고 무대장치의 발달로 극에 새로운 재미가 더했으며, 무용과 음악, 연기 등도 함께 발전하여 가부키는 대중예술의 전성기를 누리게 된다. 메이지 유신 이후에는 이치카와 단주로(市川団十郎)와 오노에 기쿠고로(尾上菊五郎) 등의 배우들은 고전 가부키의 보호를 주장했으며, 가부키를 계승하여 차세대 배우 양성에 전념하였다. 현재도 도쿄의 가부키자(歌舞伎座)와 국립극장(國立劇場)에서 상연하고 있다. 에도 시대 최고의 대중오락으로 시작된 가부키는 400년에 이르는 긴 기간에 걸쳐서 시대와 함께 끊임없이 변화해 왔다.

가부키(歌舞伎) 상연 모습

3) 분라쿠(文楽)

분라쿠는 에도 시대에 교토와 오사카를 중심으로 서민들 사이에서 생겨난 전통 무대예술로 직업적인 인형극이며 세계 무형 문화유산으로 지정되어 있다. 18세기 말 닌교조루리(人形淨瑠璃)는 우에무라 분라쿠켄(植村文樂軒)에 의해 크게 부흥하였다. 제자들이 인형극 전용 극장인 분라쿠자(文樂座)를 개설하였는데, 분라쿠는 이 극단의 명칭에서 유래한 것이다.

분라쿠는 손발이 없는 단순한 인형, 그리고 인형을 조정하는 구구쓰시(傀儡師), 노래하는 사람인 다유(太夫), 샤미센 연주 등의 네 가지 요소를 통해서 이루어진다. 복잡한 움직임이 가능하게 하기 위해 여러 역할을 연기하는 인형은 세 명의 조종자가 공동으로 조작하게 된다. 인형을 조종하는 사람은 보통 검은 기모노를 입고, 보조하는 사람은 두건을 써서 관객들에게 보이지 않게 한다. 조종자는 분라쿠 세계의 상징적인 역할을 하는 사람이며, 때로는 에도 시대 무사의 화려한 예복 차림으로 등장하여 연극 전체의 시각적인 효과를 연출할 때도 있다. 그리고 다유는 혼자서 무대에 등장하는 모든 인형을 대신하여 남녀노소의 목소리는 물론 다양한 계층의 목소리를 낼 수 있어야 한다.

메이지 시대 이후에는 서양 연극의 영향으로 일본의 독자적인 현대 연극이 자리를 잡으면서 분라쿠의 관심이 줄어들었고, 제2차 세계대전 이후 분라쿠는 점점 쇠퇴하기 시작했다. 정부의 분라쿠 존속을 위한 지원으로 도쿄의 국립극장, 오사카의 국립분라쿠극장이 설립되었으며, 전통문화에 대한 재평가가 이루어지고 있어 분라쿠의 인기는 점점 회복되고 있다.

분라쿠(文樂) 상연 모습

4) 만자이(漫才)

만자이는 오사카 지방에서 독자적으로 발달한 일본의 전통예능이다. 두 명의 희극인이 대화를 주고받으면서 진행하는 해학적 무대 예술이다. 현대 일본에서 가장 대중적이고 인기가 높은 예능이고, 말로 웃기는 장르 중에서는 대세를 이루고 있는 예능방식이다. 현재 일본 방송에서 자주 보이는 콤비 개그맨들은 대부분 이 만자이 콤비를 뜻하는 것이다. 만자이를 펼치는 사람들을 만자이시(漫才師)라고 부르며, 다이쇼 시대(大正時代, 1912~1926)에는 만담이라고 하여 극장의 연사들이 주로 펼쳤다. 현대 만자이의 구성은 1932년에 만자이(漫才)라는 호칭을 처음 사용한 요시모토 흥업에 의해 정립되었다.

상대방에게 재치 넘치는 말로 응수하는 쪽을 쓰코미(突っ込み), 바보스럽고 진지한 분위기로 말하는 쪽을 보케(ボケ)라고 한다. 보통 보케와 쓰코미로 구성된 2인조가 필요하며, 간혹 3인 이상의 인원으로 펼치는 그룹 만자이도 있다. 2인조의 경우가 압도적으로 많고, 트리오의 경우는 보케가 2인, 쓰코미가 1인으로 구성된다.

만자이(漫才) 공연 모습

5) 라쿠고(落語)

에도 시대에 생겨나 현재까지 계승되고 있는 해학적 독백 형식의 서민 예술이다. 일반적으로 음악 및 의상 등의 도구 대신에, 라쿠고카(落語家)라 불리는 사람이 부채를 들고 무대 위에 앉아, 청중들을 대상으로 이야기를 풀어가는 형식의 예술이다. 기모노 차림으로 등장하여 1인 다역으로 에피소드적인 이야기와 목소리, 얼굴 표정 등을 다양하게 변화시켜 여러 등장인물을 표현하면서 이야기를 풀어간다. 라쿠고는 1인 다역을 연출한다는 면에서 두 사람이 주고 받는 만자이와 다르다. 그리고 가부키나 노 등과는 달리, 의상 및 도구, 음악 효과 등을 되도록 사용하지 않고, 부채와 손수건을 사용하여 혼자서 몸짓이나 말을 통해서 특정한 이야기를 풀어내는 방식을 취한다. 유일한 반주 음악은 이야기의 장단을 맞추는 북과 샤미센, 대금으로 라쿠고카의 등장과 퇴장을 알린다.

기모노 차림의 라쿠고카는 무대 중앙으로 등장하여 수건과 부채를 들고 정좌하여, 끝날 때까지 계속해서 그 자리에 앉아 이야기를 전개한다. 끝마무리로 하는 독특한 우스갯소리인 오치(落ち)로 이야기를 마무리하며, 이러한 결말을 맺기 때문에 라쿠고(落語)라고 한다. 이에 대해 본 줄거리에 들어가기 전에 짤막하게 이야기하는 도입부를 마쿠라(枕)라고 한다. 라쿠고의 유파는 생겨난 지역 및 형태에 따라 간토 지방을 중심으로 하는 에도 라쿠고(江戸落語)와 오사카와 교토 지방을 중심으로 하는 가미가타 라쿠고(上方落語)로 크게 분류하고 있다. 에도 라쿠고가 부채 정도를 소도구로 이용하여 말 중심으로 이루어지는 것과 달리 가미가타 라쿠고는 책상 등의 소도구 등을 적절히 사용하기도 한다.

라쿠고(落語) 공연 모습

2. 전통 예술과 스포츠

1) 다도(茶道)

일본에 차가 들어온 시기는 나라 시대(奈良時代, 710~794)까지 거슬러 올라가지만 무로마치 시대 선종의 승려들이 정신수양과 약용으로 마신 것이 그 유래라고 할 수 있다. 다도는 일정한 작법(作法)에 의해 주인과 손님이 서로 마음을 주고받으면서 차를 마시는 전통 예술이다. 다도의 기본윤리는 주인은 손님에 대해, 손님은 주인에 대해 일생에 한 번밖에 만날 수 없다는 이치고이치에(一期一会) 정신에 입각해서 모든 정성을 다해 차를 대접하는 것이다. 맛차(抹茶)라는 분말 형태의 정제된 찻잎을 다기에 넣고 물을 부어 대나무 막대로 저어서 거품을 내서 마신다.

센노 리큐(千利久)는 호사스러운 다실과 차 도구 등을 배제하고 소박하고 한적한 경지를 소중하게 생각하는 와비차(侘び茶)를 완성시켰다. 그는 조선의 투박한 다기가 와비차에 어울린다고 해서 임진왜란 때 일본으로 잡혀온 조선 도공들에게 다기를 만들게 하였다. 그는 다도를 하는 사람들이 갖추어야 할 기본정신으로 화(和, 주인과 손님은 서로 화합해야 한다), 경(敬, 주인과 손님은 서로 존중해야 한다), 청(淸, 욕심을 버리고 마음을 비우며 다실과 차 도구를 청결하게 다루어야 한다), 적(寂, 다실에서는 정숙하며 주위에 동요되지 말고 마음이 고요해야 한다)을 강조했다.

다도의 예법을 행하는 공간인 다실(茶室), 다실로 통하는 정원 안의 통로인 로지(露地), 손님에게 대접하는 가이세키요리(懷石料理), 다도구(茶道具) 등의 준비에도 손님을 맞이하게 되는 주인의 세심한 배려가 필요하다. 차를 마실 때는 먼저 두 손을 모으고 예의를 표하여, 차를 대접해준 주인에 대한 감사의 뜻을 나타낸다. 그리고 오른손으로 찻잔을 들어서 왼손의 손바닥에 얹은 다음 시계 방향으로 두 번 정도 돌린 후에 세 번 정도로 나누어 마신다. 단순히 차를 마시는 일상 행위가 형식미를 통해서 예술적으로 승화시켜진 점이 일본 다도의 특색이라고 할 수 있을 것이다.

다도 진행 모습

2) 서도(書道)

일본의 서도는 한자와 가나를 붓으로 써나감으로써 정신수양의 깊이와 아름다움을 나타내는 조형 예술이다. 서예는 붓으로 글씨를 쓰는 하나의 예술이다. 한국에서는 서예(書芸)라고 하지만, 중국에서는 서법(書法), 일본에서는 서도(書道)라고 한다. 이를 통해서 한국에서는 예술에 초점을 두고 있고, 중국에서는 글씨 쓰는 필법에, 일본은 도를 닦는다는 것에 주안점을 두고 있다고도 볼 수 있을 것이다. 특히, 일본의 가나는 한자 부수의 일부나 초서체를 활용한 문자이기 때문에 서도를 하는데 있어서 한자와 가나의 조화를 이룰 수 있는 특색을 갖고 있다.

일본에서는 붓펜을 사용하는 경우가 많은데, 일본의 서도 문화에서 비롯되었다. 일본인들은 어린 시절부터 서도를 접하며 성장한다. 초등학교에서 중, 고등학교에 이르기까지 서예 교과목이 교육과정에 포함되어 있으며, 서도 활동이 일상생활 속에 자리 잡고 있다. 정월 초에 보내는 연하장이나 경사스러운 날에 보내는 글의 문구를 붓으로 쓰는 가키조메(書き初め)는 오늘날에도 일본인들 사이에서 계속 쓰이고 있다.

서도 대회 장면

3) 이케바나(生け花)

이케바나(生け花)는 일본의 전통 예술로 꽃과 나뭇잎, 나뭇가지 등의 재료를 그릇에 꽂는 꽃꽂이를 말한다. 꽃을 재배하고 장식하는 기술의 발달과 더불어 이케바나는 사람의 정신 수양에도 중요하다는 측면에서 화도(華道)라고도 불린다. 초기의 꽃꽂이는 자연 상태의 소재를 사용하여 자연의 모습을 연출하는 것을 중시했는데, 자연의 소재를 사용하면서도 이념적인 의미를 부여하는 것으로 바뀌어가고 있다. 이케바나는 나뭇가지를 통해 천(天), 지(地), 인(人)의 세 가지 이념을 연출하여 대자연의 모습을 표현하고자 하는 것이다.

제2차 세계대전 이후에는 이러한 전통적인 기법에서 생명이 없는 금속이나 석고 등을 소재로 활용해 생명감을 부여하여 살아있는 모습으로 표현하고자 하는 전위 예술로서의 이케바나가 등장했다. 현재 일본의 이케바나 유파는 3천개 정도에 이르는데, 세습제인 이에모토제도(家元制度)로 이어가고 있다.

이케바나

4) 우키요에(浮世絵)

우키요에(浮世絵)는 에도 시대 조닌(町人) 사회의 서민적 생활상을 그린 회화이며, 그 당시 사람들에게 오락의 연장선상에 있었다. 우키요에는 에도 시대의 풍속을 그린 그림으로 대량 생산되면서 대중들에게 많이 알려지게 되었다. 자연풍경이 우키요에의 소재로 등장한 것은 서민 생활에 여유가 있었기 때문이며, 이것은 당시의 그림엽서에 해당하는 역할을 했다. 우키요에를 통해서 민간의 호색과 욕정을 표현했으며, 통속적이고 관능적 묘사를 비롯하여 인간의 생활 모습까지 다양한 것에서 우키요에의 소재를 찾고 있다.

1868년 메이지 유신 이후 일본은 근대화가 시작되고 서구문물이 대량으로 들어왔다. 미술계도 서양화가 대세를 형성해가고 있어 판화는 회화보다 낮게 평가되었다. 일본에서는 유키요에가 서구의 근대 문명의 물결에 떠밀려 쇠퇴의 길을 걷고 있었는데, 유럽에서는 프랑스 파리를 중심으로 일본 붐이 일어났다. 19세기 말에서 20세기 초에 걸쳐 유럽에서 일어난 일본 미술 붐이 일어났는데, 이러한 붐의 중심에 우키요에가 있었다. 당시 유럽에서는 만국박람회가 자주 개최되었는데, 에도 막부가 처음으로 참가한 1867년의 파리 만국박람회에서는 일본 문화가 대대적으로 소개되어 일본 붐의 열기에 박차를 가했다. 그 후 파리의 거리에는 일본 미술을 전문적으로 취급하는 미술상이 생겼다.

일본 미술품 중에서도 복제 미술품인 우키요에는 서양인도 비교적 쉽게 진품을 수집할 수 있어서 유럽에 많은 우키요에 수집가들을 낳았다. 그 중에는 모네와 고흐로 대표되는 서양의 후기 인상파 화가들에게 큰 영향을 미쳤다.

우키요에

5) 칠기(漆器)

헤이안 시대(平安時代, 794~1185)에 장식을 입힌 칠기가 등장했다. 칠기에 문양을 그리는 방법에는 여러 가지가 있다. 금이나 은 등의 금속가루를 사용하여 무늬를 만드는 마키에(蒔絵) 기법이나 안료를 섞어 조합한 칠인 이로우루시(色漆)로 모양을 그리는 우루시에(漆絵) 기법, 목조 위에 붉은 칠이나 녹색 칠을 바른 가마쿠라보리(鎌倉彫) 기법, 조개껍질을 박아 칠기를 장식하는 라덴(螺鈿) 기법, 금속판을 박아 넣거나 붙인 효몬(平文) 기법 등의 뛰어난 공예 기술이 탄생하여 지금까지 전승되고 있다. 옻은 도료(塗料)인 동시에 접착제이다. 예를 들어, 마키에 기법은 옻이 마르기 전에 그 밑그림에 따라 금가루나 은가루를 뿌려 접착시킨 후, 그것이 약간 북돋아 오를 정도까지만 연마하는 기술이다. 마키에 기법으로 만든 칠기는 고급 전통 공예품으로, 예전에는 귀족들의 일용품으로 사용되었다.

서민에게 보급되어 일식 와쇼쿠(和食)의 형식을 만들어 낸 특별한 칠기가 만들어지는 한편, 칠기는 서민들이 사용하는 식기로서도 보급되었다. 칠기가 널리 보급된 것은 가마쿠라 시대 이후로, 칠기는 일본인의 표준 식기 중의 하나로 자리 잡았다. 칠기의 보급은 밥상을 한 사람씩 차려 주는 습관인 메이메이젠(銘銘膳)이나 한 가지 국물과 세 가지 반찬의 식사 형식인 일즙삼채(一汁三菜)라는 지금의 일식 와쇼쿠 스타일을 정립시키는 계기가 되었다. 수목과 목재가 풍부한 풍토를 가진 일본에서 탄생한 칠기는, 그릇과 젓가락으로 식사를 하는 음식문화의 영향으로 보급되어 왔다. 일본을 대표하는 공예품으로서, 현대의 일본에서도 밥 그릇, 국 그릇, 접시뿐 아니라 젓가락에도 칠기가 이용되고 있다.

나전칠기

와쇼쿠

6) 스모(相撲)

고대 스모는 신사의 경내에서 행하던 신성한 의식으로 지금도 일본 각지에서 스모가 행해지고 있다. 오늘날의 스모에도 그 상징적이고 신도 관련의 의례적인 요소가 들어 있다. 스모 경기는 단판승으로 행해지며, 시름판에 해당하는 도효(土俵)에 발바닥 이외의 신체 부위가 닿거나 도효의 밖으로 나가게 되면 승부가 결정이 나는 단순한 경기 방식으로 이루어진다.

스모는 현재 일본의 국기(国技)이며 일본 스모협회 주최로 혼바쇼(本場所)라는 정규 대회가 열리는 일본의 전통 스포츠이다. 스모의 정규 대회는 1월에 하쓰바쇼(初場所, 도쿄)를 시작으로 3월에 하루바쇼(春場所, 오사카), 5월에 나쓰바쇼(夏場所, 도쿄)), 7월에 나고야바쇼(名古屋場所, 나고야), 9월에 아키바쇼(秋場所, 도쿄), 11월에 규슈바쇼(九州場所, 후쿠오카)에서 개최된다. 각 대회 때마다 15일간 열리며 승리한 횟수로 우승자를 결정한다. 동점의 경우에는 우승 결정전이 치러진다.

오전에는 낮은 레벨의 선수들이 먼저 경기를 하고 오후 시간으로 높은 수준의 선수들이 등장한다. 오후 4시 이후에는 상위권인 마쿠우치(幕内) 경기가 시작된다. 경기가 시작되기 전에 동과 서로 나뉘어 경기가 진행될 마쿠우치 선수들이 게쇼마와시(化粧回し, 앞치마와 같이 생긴 마와시)를 두르고 도효이리(土俵入り, 도효 입장)라는 의식을 거행한다. 그리고 뒤이어 최고 지위 선수인 요코즈나(横綱)의 도효이리가 끝나면 마쿠우치의 대전이 시작된다.

대전표는 15일의 경기 기간 동안에 첫째 날과 둘째 날만 미리 공개하고, 나머지 대진표는 흥미를 유발하기 위해 경기 상황을 살펴서 하루 전날에 발표하게 된다. 스모는 선수들의 연령이나 신장, 체중에 관계없이 진행되기 때문에 작은 체구의 선수가 기술을 걸어 거구의 상대 선수를 제압하는 것은 스모의 최대 묘미이기도 하다.

대회가 개최되기 전날 스모 선수들이 도효 위에서 부상을 입지 않고 순조롭게 경기를 치를 수 있도록 기원하며 신에게 제사를 지내는 의식이 있는데, 이것을 도효마쓰리(土俵祭り)라고 한다. 도효는 신성한 공간이기 때문에 여성이 오르면 부정이 탄다고 하여 여성이 오르는 것을 금기시하고 있다.

스모 경기 장면

제4장 일본인의 종교의식

1. 일본인의 종교관

일본인들 중에는 무종교를 표방하는 사람이 많지만, 종교를 부정하는 사람은 별로 없다. 종교란 인간이 스스로 유한성을 깨달았을 때 초자연적인 절대자의 힘에 의존하여 인간 생활의 고뇌를 해결하고 삶의 궁극적 의미를 영위하고자 하는 문화 체계이다. 그러므로 종교의 본질은 필연적으로 인간의 존재와 세속을 부정하고 초월하고자 하는 점에 있을 것이다. 이러한 측면에서 보면 한국인도 일본인도 모두 같을 것이다. 그러나 한국인과 일본인의 종교 의식에는 많은 차이가 있는 것을 느끼게 된다. 이러한 차이는 어쩌면 불교와 기독교 등의 주요 교단 종교가 들어오기 전에 존재했던 한국과 일본의 토속 종교의 존재 방식과 종교가 정착되어가는 과정에서의 차이라고도 볼 수 있다.

일본은 예로부터 자연의 아름다움과 그 온화한 기후 때문에 사람들로 하여금 자신들의 나라를 신의 나라로 믿게 하였다. 수많은 성스럽고 초인간적인 존재로서의 신들이 사방에 가득 차 있다는 믿음이었다. 이러한 신앙을 바탕으로 일본 고유종교로서의 신도(神道)가 나타났다. 신도는 자연에 대한 숭배심이 종교로 발전한 것으로, 애니미즘의 일종이다. 신도는 초기에는 창시자도 교리도 없었으나, 불교와 유교의 영향을 받으면서 신전을 짓고 교리를 가르치게 되었다.

일본의 주요종교는 신도, 불교, 크리스트교, 신흥종교 등으로 나눌 수 있다. 신도는 원시시대부터 일본 민족의 생활 체험을 통해서 자연스럽게 형성되어 온 애니미즘적인 자연종교로서 일본인들의 자연관과 조상 숭배 사상의 핵심이라고 할 수 있다. 그리고 오랜 기간 동안 형성되어 오면서 불교와 유교의 영향을 받은 부분도 상당하다. 신도는 기본적으로 다신교이며, 모든 삼라만상은 신을 낳고 주관하며 모든 자연물에 신이 내려있다고 믿고 있다.

불교는 6세기에 중국과 한국을 거쳐 일본에 전해졌다. 쇼토쿠 태자(聖德太子)는 고구려의 승려 혜자로부터 불교를 받아들여 보호하였고, 그 뒤 백제로부터 기술자를 불러 호류지(法隆寺) 등 많은 사찰이 일본 각지에 세워졌다. 에도 시대에는 막부의 보호를 받아 크게 융성했으나, 지금은 선조 공양을 주로 하는 장례식 불교의 성격이 강하다. 불교는 신도와 서로 영향을 주고받으며 발전하여 독특한 일본만의 신불신앙을 탄생시켰다. 현재 일본의 가정에는 신단과 불단이 함께 있는 경우도 흔하다. 이와 같이 일본의 종교는 기존의 신도 신앙을 중심으로 불교 전래 후에 두 종교가 함께 전파되었으며 현재도 일본인들의 생활의 기본이 되고 있다.

일본인들은 종교에 대한 관대한 경향을 보이며, 여러 종교를 동시에 수용하는 모순적 양상을 보이고 있다. 이것은 달리 보면 일본인이 종교에 관대하다는 것보다 다신교적인 신도가 외국에서 들어온 종교에 관대하다는 해석도 가능할 것이다. 많은 일본인들이 출생이나 결혼식은 신도 의식으로 하고 장례식은 불교식으로 치른다. 정월 초하루에는 신사에 가서 하쓰모데(初詣)를 올리고 오본(お盆) 때에는 절에 가서 불공을 드리며, 성탄절에는 아기 예수 탄생을 축하한다.

현재 신사는 일본 전국에 8만 군데 정도가 있고, 신자의 수는 1억 명이 넘어 전체 인구의 90%에 이른다. 불교 신자의 수도 9천만 명이 넘는다. 일본의 종교 인구는 일본의 총인구의 2배 가까이 될 수 있다. 일본인의 종교관의 가장 큰 특징은 중층적(重層的) 신앙에 있음을 알 수 있다.

하쓰모데(初詣)

2. 일본의 주요종교

1) 신도(神道)

신도는 일본 고유의 자연종교이며, 독특한 토착신앙을 통해서 자연에 대한 숭배심이 종교로 발전한 애니미즘의 일종이다. 초기에는 자연물이나 자연현상을 신으로 삼았지만, 서서히 선조를 신으로 삼게 되었다. 신도라는 용어는 『니혼쇼키(日本書紀)』(720)에 처음으로 등장했으며, 본래는 종교 의식이나 신, 신사 등을 의미했으나 2세기 후반 이후 특정종교를 표현하는 말로 쓰이기 시작했다. 율령체제가 완비되고 황권이 확립된 나라 시대와 헤이안 시대에는 황실 종교로 자리를 잡아갔다. 그리고 8~9세기부터는 신도와 불교 간의 영향을 받아서 더욱 체계적인 교의와 의식이 완성되기에 이른다. 처음에는 나중에 들어온 불교와 마찰을 일으키기도 했지만, 신불습합(神仏習合)이 이루어지면서 신도와 불교를 함께 믿을 수 있게 된 것이다.

신도는 에도 시대에 유교가 전래되면서 신도는 불교의 영향에서 벗어나 주자학의 영향을 받게 되면서 체계적인 교의가 정립되었다. 메이지 시대에는 배불(排仏) 운동이 전개되면서 신불(神仏)의 분리가 추진되었고, 신도는 천황의 권위를 유지하기 위한 국가 종교가 되어 신사는 정부의 관할 하에 놓이게 된다. 결국 국가와 종교의 합체는 국수주의적인 기풍을 몰고 왔으며, 특히 1930년대 이후에는 국가 신도가 널리 보급되기에 이른다. 그러나 제2차 세계대전 이후 국가와의 관계가 단절되고 신사신도와 종파신도만이 남게 된다. 결국 신도는 일본인의 감성의 기초를 이루고 있으며, 오늘날의 일본인은 신도에 대해 신앙심보다는 문화적 동질성으로 느끼는 사람이 대부분이라 할 것이다.

신도에서 신을 모시는 곳이 신사이며, 신사는 신도 의식을 거행하고 소원을 비는 본전(本殿)과 부속 건물 등을 포함한다. 신사 안의 본전에는 신의 영(靈)이 살고 있다는 신체(神體)가 있다. 본전 바로 앞에는 참배하는 배전(拜殿)이 있으며, 신관(神官)이 이곳에서 의식을 행하고 참배자는 참배를 한다. 참배자는 먼저 손뼉을 치고 배전 기둥에 매달려 있는 밧줄을 당겨서 종을 울리면 본전에 모셔져 있는 신에게 자신의 존재를 알리게 되는 것이다. 신사 입구에는 본 건물이 신사임을 상징적으로 알리기 위한 도리이(鳥居)를 세웠다. 신사의 수는 전국적으로 일본의 종교에서 가장 많은 8만 개 이상이다. 그들의 신사에서 섬기고 있는 신의 종류도 무수히 많다. 이들 신 중에는 역대 천황이나 도요토미 히데요시(豊臣秀吉), 이토 히로부미(伊藤博文), 러일전쟁의 군인 영웅인 노기 마레스케(乃木希典) 등과 같이 실존했던 인물들도 있다.

야스쿠니신사

2) 불교

일본의 불교는 6세기 중엽 중국과 한반도를 거쳐 일본으로 전해졌다. 일본에 전해진 불교는 여러 호족들의 지지를 받아 마침내 쇼토쿠 태자가 불교장려책을 쓰게 됨으로서 공식적으로 지위를 굳혔다. 나라 시대에는 중국 불교가 황금기를 이룬 때로, 그들의 여러 종파가 차례로 건너와 삼론(三論), 법상(法相), 성실(成實), 구사(俱舍), 율(律), 화엄(華嚴) 등 주요 6종파가 성립되었다. 그리고 헤이안 시대에는 천태(天台), 진언(眞言)의 2종파 중심으로 발전되어 나라 시대의 6종파는 그 세력을 잃어갔다.

일본 불교가 일반 민중 속에 뿌리를 내린 것은 가마쿠라 시대이며, 말법사상(末法思想)을 배경으로 일어난 정토종(淨土宗)이 급속히 교세를 넓히게 되었다. 정토종을 확립한 승려 호젠(法然)의 문하에 많은 인재가 모여 여러 종파로 나뉘어졌는데, 그 중에서 주목할 만한 사람으로 정토진종(淨土眞宗)을 열게 된 신란(親鸞)이다. 가마쿠라 불교의 대미를 장식한 것은 니치렌슈(日蓮宗)로 처음에 진언밀교(眞言密敎)를 배우고, 이어 천태를 배워 법화경의 진리를 깨달았다. 무로마치 시대 이후 불교는 점차 쇠퇴하기 시작했고, 에도 시대에는 정권의 도구로 타락했다. 메이지 유신 이후에 여러 종파의 부흥 운동이 일어나 근대적 종교로서의 불교로 발전하게 되었다.

일본인의 생활은 불교와 밀접한 관계가 있다. 신자가 아니더라도 절에 참배하고 장례를 불교식으로 행하며 죽은 후에는 불교식 이름을 붙인다. 일본의 종교에 불교의 영향은 매우 크며 현재 일본의 절과 승려의 수도 상당히 많다.

나라현에 있는 도다이지(東大寺)

3) 크리스트교

일본에 크리스트교가 처음 전래된 것은 1549년 가톨릭 교파인 예수회의 프란시스 자비에르가 가고시마현에 도래한 때부터이다. 서양 문물에 관심을 가진 사람들이 가톨릭 포교에 호의적이었다. 1613년에는 외국인 선교사가 국외로 추방당하는 일이 발생하여 가톨릭이 금지된 이후에도 일부 신자들은 비밀리에 신앙을 지켰지만 발각되어 사형을 당하거나 박해를 입은 사람이 적지 않았다. 에도 막부의 도쿠가와 이에야스는 전국 통일 이후, 계속해서 확장해가는 크리스트교 세력에 위기감을 느껴 크리스트교 금제(禁制)를 단행했다. 나가사키현의 시마바라(島原)에서는 크리스트교의 탄압에 대항한 시마바라의 난이 일어났다. 4개월간의 반란은 막부군에 의해 진압되었고, 이후 크리스트교는 혹독한 탄압을 받게 되어, 계속해서 250년 가까이 금지를 당하게 되었다.

미국의 페리 제독에 의해 문호가 개방된 후, 미국의 장로교 선교사들에 의해 개신교가 들어오기 시작했다. 쇼와천황은 난립한 교단을 하나로 통합해서 일본 크리스트교단을 만들었는데, 일본 크리스트교단은 천황 숭배와 신사 참배에 적극적으로 나서면서 어용종교로 전락하였다.

오랜 기간에 걸친 탄압으로 인해 일반인들의 입장에서는 크리스트교를 기피하는 인식이 자리 잡게 되었으며, 에도 시대의 현실을 중시하는 삶의 방식과도 무관하지 않을 것이다. 선과 악, 천당과 지옥이라는 사후 세계에 대한 두려움과 걱정보다는 돈과 쾌락, 어떠한 정신적 구속으로부터도 자유로운 현실의 삶을 향유하길 원했던 조닌문화(町人文化)의 영향이 상당히 미쳤을 것이다.

나가사키 오우라 천주교회당

4) 신흥종교

일본의 종교는 신도, 불교, 크리스트교와 더불어 신흥종교가 활발히 등장했다. 사회, 종교적인 환경 변화 속에서 새로운 종교적 논리와 높은 카리스마를 지닌 종교 지도자가 등장하면서 다양한 종파의 신흥종교가 번창했다. 신흥종교의 신자 수는 전체 인구의 비율로 볼 때는 아주 극소수에 불과하지만 종교에 몰입하는 정도는 다른 종교에 비해 높다는 특징이 있다.

① 천리교(天理教)

천리교는 19세기 중반에 나라현에서 생겨난 일본의 신흥종교이다. 일본의 신도(神道) 13개 교파 중의 하나라고 한다. 천리왕(天理王)을 생명과 환생을 주관하는 유일신으로, 나카야마 미키([中山美伎)를 교조이자 천리왕과 함께 신자들을 보살피는 신적 존재로 받들고 있다. 지금의 나라현 텐리시(天理市)에 있는 천리교 본부 자리를 종교적으로 매우 중요하게 여긴다. 텐리시란 지명도 천리교 본부가 있다는 뜻에서 붙었으며, 종교 도시를 형성하고 있다.

일본에서 제2차 세계대전 이전에는 교파신도(教派神道)로 법적 공인을 얻었지만, 패전 이후로는 신도와는 별개의 종교라는 입장을 취하고 있다. 하지만 지금도 의례나 교리 등에서는 신도의 요소가 두드러지며, 불교의 영향도 있다고 한다.

한국에서의 천리교는 일제 식민지의 조선인 의식과 종교를 일본화하려는 정책에 의해 신사 참배를 강요한 신도의 지파 중의 하나이다. 1930~40년대 일본의 식민지 문화정책에 의해 거의 모든 종교들이 탄압을 받아 교회가 해산되었는데도 천리교는 일본 정부의 지원에 힘입어 교세를 확장하게 된다

천리교 본전

② 창가학회(創価學會)

일본의 승려 니치렌(日蓮)이 주창한 불법을 신앙의 근간으로 하는 종교단체로 1930에 창립된 신흥종교이다. 이 창가학회는 니치렌을 교주로 하여 후지산 대석사에 본산을 두어 내려오던 중, 마키구치 쓰네사부로(牧口常三郎)가 신도단체인 창가학회를 결성하여 니치렌 사상을 중심으로 한 정신개혁을 주창하였다.

창가학회는 처음엔 종교단체가 아니라 창가교육학회(創價教育學會)라는 교육자들의 모임이었다. 창가(創價)란 가치를 창조한다는 뜻인데 가치 창조가 초등학교 교장이었던 초대 회장 마키구치 쓰네사부로가 가진 교육 철학이었다. 창가교육학회의 회원은 모두 각자 자신의 현장에서 마키구치의 창가 교육을 실험하고 검증하며 교육이론을 더욱 발전시켰다. 마키구치 쓰네사부로는 자신의 독창적인 교육이론을 자신의 제자인 도다 조세이(戶田城聖)와 함께 체계화했다.

창가학회는 3대 회장인 이케다 다이사쿠(池田大作)에 이르러 1천만 회원을 확보하면서 정치단체인 공명당(公明黨)까지 결성하여 대석사, 창가학회, 공명당 등이 연계된 삼자일체를 이루었다.

③ 옴진리교

옴진리교는 요가 수행자인 아사하라 쇼코(麻原彰晃)가 1984년에 창설한 옴신선회의 후신으로 종말론을 주창한 신흥종교이다. 당시 일본에서 널리 퍼진 오컬트 붐이나 세기말에 만연한 흉흉한 사회 분위기를 타고 급속도로 교세를 확장했다. 전성기에는 약 1만 명의 신도를 확보한 적이 있었다. 그리고 당시 공산주의 붕괴로 젊은 이들이 아노미 상태였던 러시아에도 세력을 확장하여 교단을 만들었다고 한다.

이들이 벌인 대표적인 사건으로는 1989년의 사카모토 쓰쓰미(坂本堤) 일가족 살인 사건, 1994년 나가노현 마쓰모토시(松本市)에서 일어난 마쓰모토 사린 사건, 그리고 1995년 도쿄의 지하철 전동차에 사린 가스를 살포해 13명의 사망자와 무려 6300명의 부상자를 냈던 도쿄 지하철 사린가스 살포 사건 등이 있다.

이 사건들이 계기가 되어 전격적인 수사가 이루어졌고 옴진리교의 충격적인 진실이 드러났다. 이들은 단순히 테러를 일으키는 것이 목적이 아니라, 최종적으로는 일본을 전복시켜 정부를 무너뜨리려는 음모를 꾸미고 있었던 것이 드러나 일본 사회에 큰 충격을 주었다.

옴진리교의 기도 장면

④ 그 밖의 신흥종교

원시불교를 지향하면서 생겨난 「행복의 과학」, 공동생활을 통해서 성서를 배우는 「예수의 방주」, 법화신앙과 조상숭배 결합을 중심으로 생겨난 「레유카이(霊友会)」 등이 있다. 일반적으로 신흥종교는 사회가 어수선하고 혼란스러울 때, 전통문화가 외래문화에 위협을 받을 때 분열되고 혼란스러운 정신세계를 한 곳으로 안정시켜준다는 목적에서 생겨나는 경우가 많다. 천리교나 창가학회와 같이 교조를 통해 체계적인 시스템을 구축하고 샤먼적인 존재로 강력한 리더십을 발휘한다. 이들 종교는 현대 사회의 고독하고 무력해지는 일반 민중에게 정신적인 위안이 될 수 있는 리더십과 시스템이 작동하기 때문에 제도권 안에서 안정적인 위치를 확보하고 있다.

이에 대해서 1970년 이후에 난립한 새로운 신흥종교는 영적 능력과 주술을 중시하고 교조와의 강력한 연대를 통한 가족적인 관념에서 종교 활동을 한다는 특징이 있다. 옴진리교로 대표되는 새로운 신흥종교는 현대 물질문명 사회 속에서 강력한 카리스마를 발휘하는 교조의 비합리적인 영적 리더십을 통해 구원 받고자 하는 사람들은 계속 늘고 있는 추세이다.

제5장 일본의 천황제

1. 천황제의 역사적 변화

1) 고대의 천황제

『니혼쇼키(日本書紀)』와 『고지키(古事記)』에는 기원전 7세기 진무천황(神武天皇) 때부터 일본의 천황제가 시작된 것으로 기록되어 있다. 그러나 기록에 등장하는 천황의 계보에서 최초의 실존 천황은 스이코천황(推古天皇)이다.

그러나 실제 재위 기간 동안 천황으로 호칭된 최초의 천황은 덴무천황(天武天皇)이다. 덴무천황은 한반도로부터 백제와 고구려의 수많은 사람이 유입되어 사회적으로 혼란한 시기에 천황 및 귀족 세력 간의 지배권 다툼을 제압한 천황이다. 그는 전국적으로 통합된 율령 국가체제를 완성하였다.

덴무천황은 스스로를 아키쓰미카미(現御神) 즉, 신과 같은 존재로 신격화시켰다. 또한 이세신궁(伊勢神宮)을 받들게 하여, 이후 이세신궁은 천황가의 가문 신 즉, 우지가미(氏神)인 아마테라스 오미카미(天照大御神)를 섬기는 신사(神社)가 되었다. 여기에 율령체제에서 스스로를 천황이라 규정했고, 황후와 황태자도 확립하여 제도화했다.

또한 덴무천황은 천황의 절대적 권한과 일본의 건국을 정당화하기 위해 국사 편찬을 지시했다. 이로써 712년 천황가의 역사서인 『고지키(古事記)』가 완성되었고, 720년에는 중국 사서의 영향을 받아 일

본 최초로 국가에 의한 정식 역사서인 『니혼쇼키(日本書紀)』가 완성되었다. 『고지키』와 『니혼쇼키』에서는 태양신(日神, ひのかみ)의 자손인 천황가가 대대로 일본을 통치해왔다고 기술하고 있으며, 태양신으로서 아마테라스 오미카미를 명시하였다. 이와 같이 7세기와 덴무천황에 이르면 천황의 신격화가 개시되고, 그에 이어 8세기 초에 『니혼쇼키』와 『고지키』가 편찬됨으로써 천황가의 정통성을 강조하게 된다. 천황에 대한 호칭과 다른 개념들도 율령제의 제정과 함께 명문화되어, 이후 천황제의 기반이 된다.

나라 시대(奈良時代, 710~794)에, 율령제가 점점 무너지고 재해가 잇따라 간무천황(桓武天皇)이 수도를 나라 헤이조쿄(平城京)에서 나가오카쿄(長岡京)를 거쳐 지금의 교토인 헤이안쿄(平安京)로 옮김으로써 헤이안 시대가 개막된다. 헤이안 시대(平安時代, 794~1185)는 왕조 시대라고도 부르는데, 이 당시까지는 일본 역시 다른 나라와 마찬가지로 천황이 직접 실권을 잡고 정치를 행하던 시대로 볼 수 있다.

덴무천황의 뒤를 이은 지토천황(持統天皇)부터는 천황으로서 정식 즉위했다. 그러나 천황이라는 명칭이 그 이후 일관되게 사용된 것은 아니다. 천황이라는 명칭 이외에 중국풍인 천자(天子), 황제(皇帝)라는 명칭이 사용되기도 했다.

천황의 명칭이 외교문서에까지 통일되어 쓰이기 시작한 시기는 1936년에 이르러서부터이다. 절대 권력이 인정되었던 천황제는 9세기 헤이안 시대 이후 그 지위가 약화되고 불안정해졌다. 중앙에는 귀족 세력들이 득세했고 지방에는 독립적인 정치권력을 행사하는 무사 계층이 등장했다. 이 시기에는 역사상 두 명의 천황이 동시에 대립, 존재하기도 했고 방계천황이나 여자천황도 적지 않았다. 천황의 계승도 황족 또는 귀족 간의 세력 관계에 따라 천황이 중간에 교체되기도 했으며 섭정이나 무사 권력에 의해 천황이 폐위되기도 했다.

천황은 고대부터 세습적으로 이어져 온 일본의 군주이며, 7세기 말엽 공식적인 명칭으로 제도화되었다. 가마쿠라(鎌倉) 막부 등장 이전 천황은 아마테라스 오미카미의 자손으로 제사장으로서의 성격이 강했다.

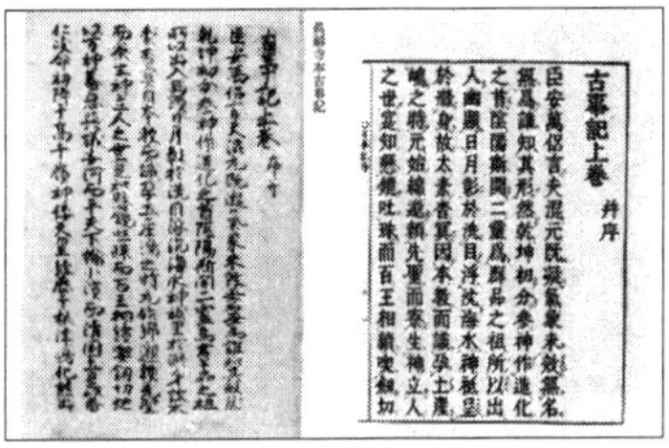

고지키(古事記)

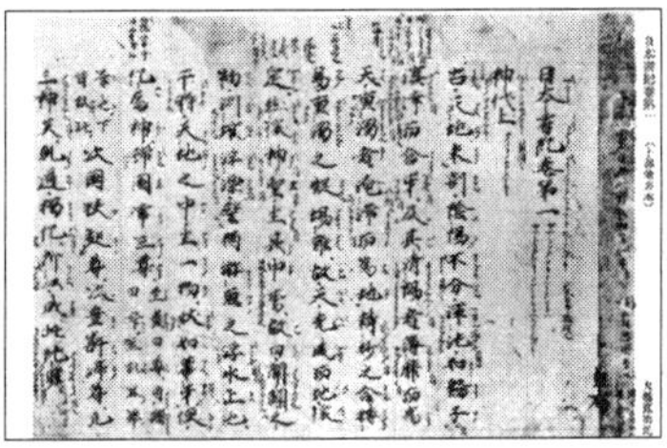

니혼쇼키(日本書紀)

2) 중세, 근세의 천황제

헤이안 시대가 끝나고 가마쿠라 막부가 성립됨으로써 중세가 시작된다. 천황은 막부의 성립으로 인해 서일본 지역만을 지배하게 되었고, 그조차 막부의 간섭을 받게 된다. 막부는 서일본의 무사들을 동원하여 서일본 지역까지 지배권을 확대하여 점점 천황의 힘은 약해져 갔다.

무로마치 시대에 막강했던 장군의 지배력이 약화되고 전국의 군웅들이 할거한 전국시대(安土桃山時代, 1574~1600)에는 천황의 권위는 더욱 상실되었다. 전국을 통합한 오다 노부나가(織田信長)와 도요토미 히데요시(豊臣秀吉)는 지배를 정당화하기 위해 천황의 권위를 이용했다. 그러나 임진왜란 등 무리한 원정과 내부 분열로 인해 도쿠가와 이에야스(徳川家康)가 간토(関東)의 에도(江戸)에 막부를 열고, 도요토미 가문을 멸망시킴으로써 에도 시대가 열린다. 이 시기를 일본에서는 근세라고 보는데, 천황제에 있어서는 암흑기라고 볼 수 있다. 에도 시대(江戸時代, 1603~1867)의 천황은 막부의 엄격한 통제하에서 전통적 권위는 인정받았지만 정치적 권한은 일체 인정되지 않았다. 천황으로부터 막부의 장군이 정이대장군으로서 승인되는 형식은 계속되었지만, 아무런 정치적인 구속력이 없는 관례에 불과했다.

에도 막부 때의 실질적인 군주는 막부의 장군이었다고 할 수 있다. 에도 시대는 기본적으로 각 번(藩)마다 봉건 영주인 다이묘(大名)에 의한 독자적 지배 체제가 운영된 시기였다. 따라서 천황이 거주하고 있던 긴키 지역을 제외한 일본 각지의 일본인들에게 천황의 존재는 거의 미지의 존재였다.

민중에 있어서는 천황은 단순한 지방 영주보다 조금 다른 정도로 여겨졌으며, 그 존재조차 모르는 이들이 대다수였다. 그러나 막부 후기에 들면 이세 신궁 참배 열풍이 불고, 막부 정치에 불만을 품은 이들에 의해 다시금 그 존재가 부각되기도 한다. 그리고 얼마 후, 미국의 페리가 이끄는 구로후네(黑船)가 나타나 개항이 이루어지고, 그 과정에서 나타난 막부의 무능을 깨달은 사쓰마(薩摩), 조슈(長州), 도사(土佐) 등 웅번(雄藩)의 신진 무사 세력에 의해 막부가 타도되고, 메이지(明治) 신정부가 수립됨으로써 에도 시대는 막을 내린다.

12세기 말 가마쿠라 막부 등장 후 일본정치는 정신적 군주인 천황을 중심으로 한 조정과 세속적 군주인 쇼군을 중심으로 한 막부라는 이중적 권력구조 체제가 되었다. 이중적인 권력구조 하에서 정치적 책임 소재여부가 불분명하기 때문에 천황은 정치책임론에서 상대적으로 자유로웠다. 일본은 상징권력과 실질권력의 이중적인 권력구조로 일본 정치는 실질권력이 바뀌더라도 상징권력은 유지될 수 있었다.

에도 시대의 천황은 쇼군에 의해 권위가 유지되는 소극적 권위에 지나지 않았다. 그러나 막부 말기에 들어서는 천황은 일본의 국가통합의 중심축으로 부상하게 된다. 서양제국의 압박에서 막부에 대한 불만이 새로운 정치적 중심축을 필요로 하게 되고, 일본의 정신적 권위인 천황을 중심으로 중앙집권적인 근대국가 체제 구축이라는 새로운 정치적 실험이 추진되었는데 이것이 메이지 유신이다.

3) 근대의 천황제

메이지 유신에 의해 에도 막부가 타도되고 근대적인 국가 체제가 성립되었다. 메이지 유신을 주도한 신진 무사 계층은 에도 막부 타도의 명분으로 천황의 왕정복고(王政復古)를 내세웠다. 1868년 메이지 신정부를 건립한 메이지천황(明治天皇)은 교토(京都)에서 도쿄(東京)로 거처를 옮겼다. 메이지천황은 왕정복고를 선언했다.

메이지 신정부를 수립한 세력은 신진 무사 세력이었다. 이들은 존황도막(尊皇倒幕)을 기치로 내걸고 천황을 중심으로 하는 근대적 신정부를 세우고 막부를 타도하였다. 그로써 정권이 반환되는 대정봉환(大政奉還)이 이루어지고, 거의 700여년 만에 왕정복고가 이루어졌다. 새로운 정부의 중심은 메이지천황으로서, 중심 세력은 새로운 국가의 원수이자 중심인물로 천황을 내세웠다. 천황은 유일, 절대의 주권자로서 국가 통치의 대권을 장악하였고 모든 도덕 및 가치의 근원으로서 존재하였다.

메이지 정부의 주도 세력들은 일본을 근대 국가 체제로 개혁한 뒤 근대화와 산업화를 추진하여 일본의 부국강병을 실현하려 하였다. 이를 위해서는 강력한 중앙집권적인 국가 체제와 국민 통합이 필요했다. 이 과정에서 일본 근대 국가 통합의 이데올로기로서 천황제를 도입할 필요성이 있었다.

메이지 정부는 『고지키』와 『니혼쇼키』에 전해지는 신화를 근거로 천황을 신격화하고 천황에게 절대 권력을 부여해 신성불가침한 통치자로서의 천황의 이미지를 일반 대중에게 침투시켜 나갔다. 천황가는 일본 민족의 조상이며 일본 개국 이후 신의 자손으로서 일본 열도와 일본 민족을 지배해 왔다는 조작된 신화를 교육시켜 나갔다.

이를 위해 1868년 메이지 정부는 에도 막부 시대 이후 불교의 영향 속에 있었던 신도(神道)를 분리, 독립시키고 신도에 의한 국민 교화와 천황의 신격화를 본격적으로 전개해 나갔다. 또한 1889년에는 메이지헌법(대일본제국헌법)이 선포되면서 천황 주권과 천황의 절대 권력이 제도화되기에 이르렀다.

메이지 정부는 천황제 이데올로기의 빠른 정착을 위해 일본의 주권은 만세일계(萬世一系)의 천황에 존재하며, 천황을 윤리적, 정신적, 정치적 중심으로 해 국가를 운영해야 한다는 국체론(國體論)을 전개했다. 하지만 메이지 시대 초기에는 천황을 신격화하고 절대화하려던 메이지 정부의 노력은 그다지 성공을 거두지 못했다. 일반 대중들에게 있어 천황 자체가 낯선 존재였고, 다신교의 신앙생활에 익숙한 일본인들에게 절대 권력의 인간신이라는 개념은 쉽게 받아들여지지 않았다.

제국헌법이 근대천황제의 법률적인 토대라고 한다면, 군인칙유(軍人勅諭, 1882)와 교육칙어(教育勅語, 1890)는 천황에 대한 내면의 충성심을 끌어내는 지침이라고 할 수 있다. 천황이라는 신격화된 존재가 일본인들 한 사람 한 사람에게 구체적으로 의미를 가지려면 천황과 모든 신민을 하나로 묶어 줄 수 있는 개념이 필요했고 이것이 바로 국체(國體)라는 개념이었다. 일본의 국체는 천황과 모든 신민은 하나의 가족이며, 일본은 일종의 가족국가이고 천황은 그 정점에 위치한 신성한 존재라는 것이다.

신으로서의 천황이 침투하게 된 계기는 청일전쟁(淸日戰爭)과 러일전쟁(露日戰爭)의 승리였다. 섬나라이며 세계 속의 변방 국가인 일본이 세계의 중심국인 청나라를 물리치고, 국력과 전력에서 압도적으로 열세였던 일본이 러시아제국에 승리한 것은 기적에 가까운 일이었다. 메이지 정부는 이러한 전쟁의 성과를 태양신의 자손인 천황이 있고 일본이 신국(神國)이기 때문에 승리한 것이라고 전파했다.

존재감이 미약했던 천황을 내세우기 위해 신도를 통합하여, 이전의 신사신도(神社神道)를 국가신도로 개편하고, 천황을 그 최고위 지도자로 내세웠다. 궁극적으로 이는 기존 신도와 불교 및 일반인들의 의식적 저항으로 인해 실패로 끝났으나, 이후 러일전쟁과 중일전쟁의 승리 등으로 인해 신국 사상이 고양됨에 따라 천황의 신격화는 나름대로 성공을 거둔다. 그리고 식민지 조선에도 천황제를 이식하여, 신사를 건설하고 교육칙어 등 천황제 국가의 사상을 강요하였다.

4) 현대의 상징천황제

일본이 무리하게 일으킨 태평양 전쟁이 결국 패배로 끝나고, 일본은 미군정 시대를 맞이하게 된다. 미국 정부는 일본의 제국주의 침략성의 근원이 천황제에 있다고 판단해 천황제 폐지를 검토했다. 그러나 연합군 사령관 맥아더는 천황제 폐지에 반대했다. 그 이유는 당시 일본인들이 천황에 대해 패전에 따른 책임을 추궁하기보다 동정과 경의를 표하고 있었기 때문에 천황제 폐지에 대한 일본인들의 저항이 예상됐기 때문이다.

당시 일본인들은 국가 원수였던 쇼와천황(昭和天皇)에게 최고통수권자로서 침략전쟁의 도발과 패전의 책임을 묻기보다는 군부 세력에게 이용당한 것을 너욱 동성하고 있었다. 대다수의 일본인들은 쇼와천황은 침략전쟁의 수행에 적극적인 의지와 권한이 없었고 군부의 야욕에 이용당했다고 믿고 있었다. 또 하나의 이유는 천황제를 유지하면서 점령 정책에 천황의 지위를 이용하는 것이 유리하다고 판단했기 때문이었다.

그 결과 연합군 사령부는 국민 통합의 상징으로서 천황제는 유지하되 천황주권제(天皇主權制)를 폐지하고, 천황의 정치적 실권은 모두 박탈하며 형식적인 역할만을 인정하는 방안으로 결정했다. 새로운 천황제는 상징천황제로 규정되었고, 그 운영 방안은 1947년 국민주권과 민주주의 원칙에 따라 제정된 새로운 헌법(일본국헌법)에 규정되었다.

헌법 제1조에서 천황은 국민 통합의 상징이며, 그 지위는 주권을 가진 일본 국민의 총의(總意)에 따른다고 규정했다. 제2조에서 황위(皇位)는 국회에서 의결된 황실전범(皇室典範)의 규정에 따라 계승된다고 했고, 제3조에서는 천황의 국사(國事)와 관련한 행위는 내각의 조언과 승인을 필요로 하며 내각이 그 행위에 대해 책임을 진다고 규정하고 있다.

또한 메이지헌법에서 명백히 규정했던 국가 원수로서의 천황의 지위는 현행 헌법에서는 삭제했다. 따라서 현행 일본 헌법 체제하에서 일본의 국가 원수는 존재하지 않는다. 그러나 의원내각제를 채택하고 있는 현행 헌법에서는 천황을 국가 원수라고 명시하는 규정은 없지만, 국가 원수의 역할에 해당하는 국사를 천황이 하는 것으로 규정하고 있다. 이러한 현행 헌법하의 천황제는 제1조에서의 국민 통합의 상징이라는 규정에 따라 상징천황제라고 불린다.

이러한 상징천황제에 대해 대다수의 일본인들은 지지를 나타내고 있다. 천황의 지위와 역할에 대해 현행 헌법에서 규정한 국민 통합의 상징으로서 정치적 실권을 소유하지는 않지만 일본 역사와 문화, 사회의 아이덴티티로서, 그리고 존경의 대상으로서 존재하는 것에 대해 대부분의 일본인들은 대체로 만족하고 있는 듯하다.

현행의 상징천황제를 규정한 것은 맥아더 사령관의 결정이었다고 알려져 있다. 메이지 헌법에서 규정한 절대주의적 천황의 권한과 역할을 박탈하고 단순히 국민 통합의 상징적인 의미로서의 지위만 남겨 놓겠다는 취지였다. 메이지 시대 천황제가 정치 세력에 의해 이용당했고, 그로 인해 일본인들이 침략전쟁에 동원되어 많은 희생을 초래했다는 사실도 명확히 인식하고 있다.

전범재판과 관련하여 쟁점이 된 것은 일본 천황의 전쟁책임 문제였다. 점령 초기에는 천황을 전범으로 처벌하고, 공화정 체제로 개혁할 것을 요구하는 주장이 있었다. 그러나 현실적 요건에서 천황제를 존속시키는 방향으로 정책이 결정되었지만 전전 일본군국주의자들이 천황 숭배를 이용하여 대중을 전쟁에 동원했다는 것에서 천황의 탈신격화가 요구되었다.

이와 관련하여 GHQ(연합국 최고사령부)는 국수주의 단체들을 해체시키고 신도의 국교제를 폐지했으며, 쇼와천황도 자신이 신이 아니라 인간임을 선언함으로써 천황제 이데올로기는 공식적으로 부정되었다. 전전의 제국헌법이 천황을 신성불가침한 절대적 권력을 갖는 통치권자였던 것에 반해, 전후 일본의 헌법에서는 천황을 국가 및 국민 통합의 상징으로 규정하고 있는데 이를 상징천황제라고 한다.

메이지천황

다이쇼천황

쇼와천황

현재의 아키히토 천황(明仁天皇)은 국가의 상징으로 활동한 첫 일본 천황이었다. 제2차 세계대전 당시 천황으로 전쟁 가해 책임에서 벗어나지 못하는 국가 원수 쇼와천황에 이어 즉위한 그는 일본 국민과 고락을 같이하는 모습을 보이는데 주력했다. 헌법과 법률에 규정되지 않은 상징으로서의 역할을 국민에게 다가서는 것으로 해법을 찾은 것이다. 현재 집권 자민당과 아베 신조(安倍晋三) 총리가 극우 일변도의 행보를 보이며 침략 전쟁이나 위안부 피해자에 대한 사과를 거부하고 있는 것과 달리 그는 전쟁에 대한 반성의 뜻도 밝혔다. 일본의 패전일인 8월 15일에 열린 전쟁 피해자 추도식에서는 "과거를 돌이켜보며 깊은 반성과 함께 앞으로 전쟁의 참화가 재차 반복되지 않기를 바란다"고 말했다. 아키히토 천황은 자신의 몸에 한국의 피가 흐른다는 이야기도 했다. 그는 2001년 기자회견에서 "내 개인으로서는 간무천황(桓武天皇)의 생모가 백제 무령왕의 자손이라고 『쇼쿠니혼키(続日本記)』에 쓰여 있는 데 대해 한국과의 혈연을 느끼고 있다"고 말했다.

2. 천황제와 일본인

천황제는 일본의 역사와 사회, 문화 등 일본을 총체적으로 이해하는 데 있어서 상당히 중요하다. 일본인들의 상당수는 천황제가 일본의 역사와 문화를 나타내며 일본 자체라고 생각한다. 일본의 천황가(天皇家)는 일본 역사의 중심에 존재하며, 일본 사회의 정체성을 나타내는 상징적인 존재라고 보기 때문이다. 일본의 천황에 대한 일본 헌법을 살펴보면, 천황의 지위는 다른 입헌군주국가의 국왕과 같이 상징적인 존재로서의 군주에 가깝다. 천황가의 계보는 일본의 유사 이래 지금까지 일본의 역사와 함께 존재한다.

가마쿠라, 무로마치, 에도 등 막부시대의 천황은 역사의 전환기에는 정치적으로 중요한 역할을 했다. 즉 천황가는 정치적 지배권을 상실하고 있었지만, 일본 열도가 변화와 혼란에 처했을 때에는 단합과 통합의 구심점 역할을 해 왔다. 또한 천황가는 유사 이래 현재까지 쿠데타 없이 단일 혈통으로 계승해오고 있다.

한 번도 천황가가 교체된 적이 없으며, 막부 교체를 통해서 실질적인 지배권 교체라고 보아도 무리가 없을 것이다. 가마쿠라 시대부터 무사 정권인 막부가 천황보다 강한 실권을 가지고 일본을 지배하였다. 또한 나중에는 그 실권조차 완전히 잃어버리기 때문에, 가마쿠라 시대부터 에도 시대에 이르기까지의 약 700년간 일본의 실질적 군주는 쇼군으로 보아야 할 것이다. 그러나 일본 국가 또는 일본 사회의 단합과 통합의 구심적 역할로서의 천황가의 역할은 모든 정치적 권한이 상실된 채 상징적인 군주로서 남아 있는 오늘날에도 달라지지 않고 있다.

천황가는 신화상으로는 2000년이 넘게, 실제 역사상으로는 1500년 이상 단절되지 않고 이어져 온 세계에서 유일한 왕실이다. 또한 그 장구한 역사 중에서 천황이 실제로 실권을 잡은 것은 불과 수백 년에 불과하다는 점 역시 매우 특이한 부분이다. 나머지 천 년에 가까운 기간 동안 천황은 무사나 귀족들에 의해 제대로 권력을 가지지 못하였다. 현대에 들어서는 민주주의 국가가 성립됨에 따라 일본의 단합, 통합의 구심점 역할을 맡고 있을 뿐, 역시 국가 원수로서의 실권은 거의 상실한 상태이다. 현재 일본국 헌법에서는 국민 통합의 상징으로서 천황을 내세우고 있다. 이러한 점에서 천황제는 일본의 역사, 문화와 그 궤를 함께 해 왔다고 보아도 될 것이다.

에도 시대에 완전히 그 존재감이 사라진 천황을 근대 메이지 정부에서 부각시킴으로써 다시 신격화가 이루어진다. 그러나 이 경우는 고대의 신격화와 달리, 관료들이 제국주의 국가의 성립과 발전을 위해 시도하였다는 점에서 그 궤를 달리하고 있다. 그럼으로써 대권에 도전하지 못하게 하고, 천황을 중심으로 한 강력한 국가 체제를 확립하는 효과를 얻었던 것이다.

여전히 천황은 일본의 상징이며 일본 국민 통합의 상징으로 살아남아 있다. 또한 패전 직후 당시 민중들의 대다수가 천황제를 지지하고 있었고, 그 중 입헌군주제를 지지한 사람이 대다수였다는 점도 하나의 이유가 될 수 있을 것이다. 미군정은 급속히 세력을 확대해 가던 소련 공산주의 진영을 막기 위한 전진기지로 일본을 이용하였고, 천황은 그 방파제 역할을 할 수 있을 것으로 기대하였다.

결국, 천황제는 이러한 일본 특유의 역사적, 사회적 요소와 맞물려 그 생명을 연장해 왔다고 볼 수 있을 것이다. 종전조서에는 패전에 대한 인식이 등장하지 않고, 주변국에 대한 침략 등에 관해서도 언급이 없다. 또 태평양 전쟁은 자존과 자위의 전쟁이며 동아시아의 안정을 위한 전쟁으로 의미를 부여하고 전쟁을 종식시키겠다는 천황의 결단만을 강조함으로써 전쟁책임 문제를 회피하고 있다.

제6장 일본의 의복 문화

1. 의복 문화와 의복 생활

1) 의복 문화의 역사

일본의 의복 문화는 고대시대부터 나타난다. 남녀 모두 앞이 트이고 좁은 소매가 달린 상의와 함께 남성들은 느슨한 바지를 착용했고 여성들은 긴 주름의 스커트를 착용했던 것으로 보인다. 일본 고분문화의 기누하카마(絹袴)는 의복은 중앙아시아 기마민족의 의복에서 유래하며, 한국의 삼국시대 의복으로부터도 영향을 받았다고 한다. 그리고 한반도가 삼국시대부터 중국의 영향을 받았기 때문에 일본의 고대 의복 문화는 9세기까지는 중국문화권과 백제, 통일신라 의복의 영향을 받았을 것이다.

헤이안 시대 후기에는 그들 고유의 독자적인 것을 예술로 승화시켜 독창적인 의복 문화를 만들어냈다. 헤이안 시대 궁중 여성들의 주니히토에(十二單)라는 의례복식에서는 일본 의복 문화의 독특함을 알 수 있으며, 가사네이로메(重色目)에서는 사계절의 자연물을 의복의 색채 표현에 활용한 일본 특유의 의복 문화가 나타나 있다.

가마쿠라 시대에는 교토풍 기모노의 비실용적인 것을 부지런함과 소박함을 강조하는 기모노로 바뀌었다. 헤이안 시대에는 여성들이 속옷으로 착용했던 고소데(小袖)를 가마쿠라 시대에 들어서는 겉옷으로 착용하여 근대적인 기모노의 기본이 형성되었다.

에도 시대부터는 조닌 문화가 발전함에 따라 계급이 아니라 경제적인 부에 의해 가치 기준이 바뀌면서 여성들에게는 대다수가 유사한 형태의 기모노를 착용하게 되었다. 에도 시대에는 교토풍의 화려한 기모노에서 에도풍의 단조로운 색상에 다양한 색조를 표현한 기모노로 바뀌었다. 에도 시대의 250년 동안 경제적으로 유복한 조닌이 새로운 의복 문화를 유지해갔고 가부키자(歌舞伎座)나 유곽이 유행을 창출하였다.

그리고 메이지 유신 이후에는 서양에 문호가 개방되면서 전통적인 옷차림보다는 서양식 옷차림으로 바뀌기 시작하였고, 현재는 서양식 옷차림이 일상화되어 있다.

헤이안 궁중예복 → 가마쿠라 의복 → 에도 의복 → 서양식 의복

2) 의복 생활

일본의 기후는 한국과 거의 유사하지만 지역에 따라 조금씩 다른 특징을 보인다. 북쪽에 위치한 홋카이도는 여름에 비가 적고, 겨울에 눈이 많이 내리고, 도쿄가 있는 혼슈는 한국의 서울과 비슷한 기후를 보인다. 사방이 바다로 둘러싸여 있어 습도가 높은 편으로 겨울보다는 여름이 무더운 편이다. 이러한 일본인의 생활양식은 여름에 적합하도록 되어 있어 가옥구조도 통풍이 잘 되도록 개방적이며, 전통복인 기모노(着物)도 깃, 소맷부리, 옷자락 등에 개방부분이 많은 것이 특징이다. 또한 직선으로 재단하여 간략하게 만드는 남방계 의복의 특징을 지니고 있다. 기모노는 헤이안 시대 귀족들의 정장 속옷이 점차 변화한 것으로 에도 시대에 이르러서는 정장과 같은 복장이 되었으며, 지금은 일본 전통 의복의 대명사로 인식되고 있다.

일본에서 기모노라는 말은 세 가지 의미로 사용된다. 첫째는 몸에 걸쳐 입는 옷을 총칭하는 뜻으로 의복 복장과 동일한 의미로 쓰인다. 둘째는 한복처럼 일본 전통 의복 전체를 가리키는 말로 와후쿠(和服)와 같은 의미이며, 셋째는 와후쿠 중에서 외국인들이 일반적으로 기모노라고 알고 있는 길이가 긴 포 형태의 나가기(長着)를 호칭하는 용도로 사용된다.

즉, 남녀 모두 착용하는 나가기가 일본 전통을 대표하는 기모노와 동일한 개념으로 사용되기도 한다.

2. 남녀의복

1) 남성의복

① 나가기(長着)

나가기는 기본적으로 걸쳐 입는 포형태의 의복이다. 기본적으로 남녀 모두 동일한 형태이지만, 남성용 나가기는 여성용에 비해 소매 옆선의 겨드랑이선 파임이 짧고 꿰매어져 있으며, 문양이나 그림으로 장식하는 여성용 나가기에 비하면 단순한 패턴이다.

결혼식에서 신랑과 아버지의 나가기는 주로 검은색 바탕에 다섯 개의 가몬(家紋)을 넣은 것으로 아래에는 하카마를 겉옷으로 하오리를 입는 것이 정장이다. 평상복으로 나가기 하나만 입는 경우가 많으며 계절에 따라 사용하는 소재가 다르다.

② 하카마(袴)와 하오리(羽織)

하카마는 기모노 위에 입는 옷으로 치마처럼 생긴 품이 넓은 예장용 하의이다. 앞에 넓은 주름을 깊게 잡아 아랫단까지 주름이 지는 형태이다. 하오리는 나가기 위에 덧입은 것으로 가몬이 한가운데 있는 경우도 있다. 하오리의 길이와 색상은 다양하여 검은색 바탕에 가몬이 뒷목 중심에 하나 있는 것은 구로몬쓰키(黒紋付き) 하오리로 졸업식이나 입학식 등의 행사에서 착용한다. 또, 하오리를 입지 않거나 가몬이 한 개나 세 개만 들어간 하오리를 입으면 약식 예복이 된다. 축하의 자리에서는 검은색인 구로몬쓰키(黑紋付き) 하오리를 입고, 품이 넓고 앞에 주름을 잡은 치마 형태의 하카마를 입는다.

남성의복 차림

2) 여성의복

넓은 의미에서 기모노는 옷을 가리키는 용어이지만, 보통은 여성이 입는 나가기에 한하여 기모노라고 하기도 한다. 기모노는 펼쳐 놓으면 직선형 구성으로 되어 있으며, 겨드랑이 부분은 트여 있다. 기본적으로는 원피스형인 기모노 위에 하오리와 같은 겉옷을 겹쳐 입는 구조이다. 여밈 장치로는 단추나 고름 대신 오비(帶)를 묶는다. 기모노의 형태는 매우 단순하지만 용도에 따라 문양이나 색채, 입는 방법, 소매의 모양을 달리하여 외출복, 예복, 상복, 일상복, 작업복 등으로 나누기도 한다.

① 기혼여성의 예복

기혼여성이 격식을 갖출 때 입는 기모노는 도메소데(留袖)이다. 기모노 가운데 기혼여성이 입는 최고의 예복이다. 소매가 짧고 소맷부리가 좁은 것이 특징이다. 구로토메소데(黑留袖)는 가장 격식을 갖춘 것으로 속에 흰색의 기모노를 받쳐 입어 가장자리에 하얀 선 효과를 나타나는 것을 정식으로 간주한다. 지금은 소매와 깃 부분에 흰 천을 덧댐으로 겹쳐 입은 것과 같은 효과를 내기도 한다. 집안을 상징하는 가몬을 등과 양쪽 소매, 양쪽 가슴에 하나씩 모두 다섯 개를 넣어준다. 그리고 이로토메소데(色留袖)는 친족이 아닌 사람들의 결혼식이나 축하 행사 때 입는 예복이다. 구로토메소데 다음으로 격식을 갖춘 것으로 축제 분위기의 행사 등에서 입게 되며, 풍경 및 각종 무늬를 다채롭게 넣은 화려한 예복이다.

도메소데(留袖)

② 미혼여성의 예복

미혼여성이 입는 예복은 후리소데(振袖)이다. 에도 시대까지는 남녀가 모두 후리소데를 입었으나, 현재는 미혼여성들만 입는다. 기모노 가운데 가장 화려한 것으로 길게 늘어진 소매와 화려한 장식과 다양한 색채가 특징이다.

소매의 길이에 따라 오후리소데(大振袖, 105cm내외), 나카후리소데(中振袖, 90cm내외), 고후리소데(小振袖, 75cm내외)로 나눌 수 있다. 오후리소데는 소매의 길이가 복사뼈까지 내려오는 것으로 결혼식이나 피로연에서 신부예복으로 입고, 나카후리소데는 성인식이나 피로연 등 파티 복장으로 많이 사용된다.

후리소데(振袖)

③ 외출용 기모노

일반적으로 가장 많이 입는 외출용 기모노는 호몬기(訪問着)이다. 호몬기는 일본 여성이 예복으로 입는 전통의상이다. 격식으로 따지면 이로토메소데나 후리소데 다음의 약식 예복으로, 후리소데를 단순화시킨 옷이다. 사교용이나 외출복으로 많이 착용하며, 결혼 여부나 나이에 관계없이 입을 수 있다. 입학식이나 피로연, 파티 등 약간 격식을 차려야 하는 자리에도 입을 수 있다. 소매길이는 코후리소데 정도이며 무늬는 전체적으로 한 가지 모양이 반복되어 들어가거나, 펼치면 하나의 그림이 되도록 옷자락에서 양 소매, 왼쪽 어깨, 옷깃으로 이어지는 무늬를 넣기도 한다.

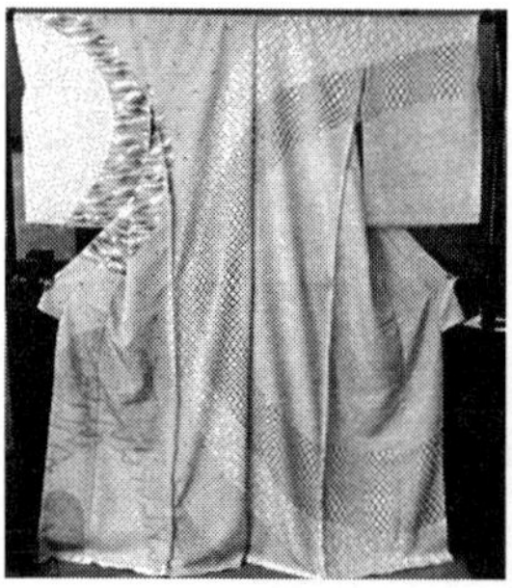

호몬키(訪問着)

④ 여름용 기모노

여름용 기모노는 안감이 없는 홑겹의 기모노로서 면으로 만든 유카타(浴衣)이다. 헤이안 시대 귀족들이 목욕할 때 입던 마직물로 만든 홑옷에서 기원한 것이다. 외출복으로 입게 된 때는 메이지 시대 이후이다. 옷감도 처음에는 마(麻)로 만들었다가 점차 다루기 쉬운 면을 사용하였다. 최근에는 폴리에스테르 등의 화학섬유나 혼방 옷감을 이용한다. 유카타의 문양은 꽃이나 나비, 동물, 기하학적 무늬 등 매우 다양하다.

지금은 목욕 후에 입는 옷이라기보다는 여름용 기모노로 많이 착용된다.

유카타(浴衣)

⑤ **모후쿠**(喪服)

모후쿠(喪服)는 일본의 상복을 말한다. 영결식이나 상가에서 친족이 주로 입는 상복으로 무늬 없는 검은 옷감에 가문 문양 5개가 들어간 5문양이 기본이다. 미혼, 기혼을 불문하고 입는 것으로 고별식 때에는 누구를 막론하고 이 검은 상복을 입어야 하며 죽은 사람의 가족이나 가까운 사람은 장례의 모든 행사에 이 정장을 입어야 한다. 상복에 매는 오비는 흑무지에 문양이 새겨지는 것으로 부드럽고 광택이 있는 슈스(繻子)라든가 단스(緞子)의 나고야 오비(名古屋帶), 혹은 후쿠로 오비(袋帶)가 중심이다.

⑥ **결혼예복**

전통 결혼식에서 신부는 우치카케(打掛)와 시로무쿠(白無垢) 차림으로 입는다. 우치카케는 긴 포의 형태로 에도 시대까지는 귀족가문 여성들이 의례적으로 입던 옷이었다. 얇게 솜을 두른 견으로 만들고 길게 늘어진 소매가 달리며 나가기를 입고 오비를 맨 후 그 위에 입는 옷이다.

시로무쿠 차림은 신부의 기모노를 의미하는 것으로 겉옷, 속옷 모두 흰옷 차림이라는 뜻이다. 여기에는 신랑 가족의 가풍과 풍습을 배울 준비가 되어 있음을 의미하였다고 한다. 시로무쿠는 기모노, 우치카케, 오비, 와타보시(綿帽子), 쓰노가쿠시(角隠し) 등이 모두 흰색으로 된 것이다.

우치카케(打掛)

시로무쿠(白無垢)

⑦ 겉옷

겉옷으로는 하오리를 입는다. 하오리는 가벼운 외투로 여행시 착용했던 외투 형태에서 발전한 것으로 보이며 하오리라는 말은 옷 위에 걸친다는 의미의 하오루(羽織る)에서 파생된 말이다. 남성들에게 하오리는 격식을 갖추기 위한 겉옷이지만, 여성들에게 하오리는 방한, 기모노를 오염이나 습기로부터 보호하기 위한 실용적인 목적으로 사용된다.

3) 장신구와 소품

① 오비(帶)

여성용 기모노를 입을 때 허리 부분에서 옷을 여며주는 띠이다. 넓은 천으로 허리를 몇 겹으로 감아 뒤쪽에 매듭을 만드는 것으로, 세계적으로도 보기 드문 독특한 형식이다. 오비를 맬 때 허리보다 위에 묶기 때문에 하반신이 길어 보이는 효과가 있다.

오비의 종류 또한 다양하며, 옷에 따라 오비의 종류를 달리한다. 가장 격이 높은 것으로 폭이 넓은 천을 두 겹으로 접어 꿰맨 마루오비(丸帶)가 있다. 후리소데나 도메소데와 같은 정식 예복이나 신부 의상에 주로 이용한다. 전대처럼 속을 비게 만든 후쿠로 오비(袋帶) 역시 예복이나 약식 예복에 사용한다. 마루오비보다 광범위하게 사용된다. 오비의 폭을 넓게 해서 화려한 느낌을 주거나, 모양을 변형하여 여러 가지 분위기를 연출할 수 있다.

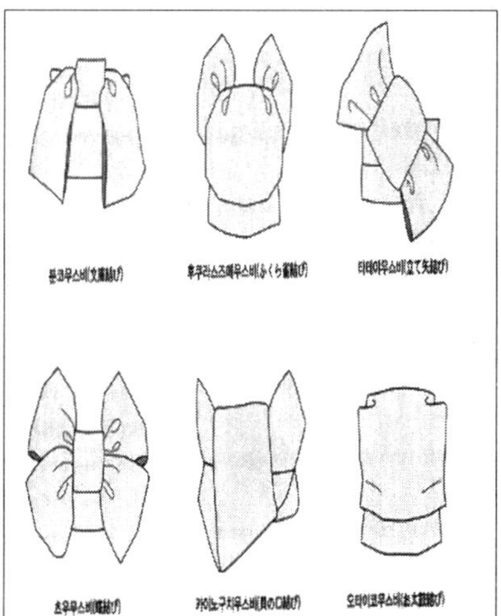

다양한 오비 묶는 법

② 게다(下駄)와 조리(草履)

게타(下駄)는 기모노와 함께 착용하는 일본의 전통 신발이다. 보통 목재로 만들게 되며, 신발 바닥에 돌출된 부분이 있어서 지면으로부터 보호를 받는다. 엄지발가락과 둘째 발가락 사이에 V자형의 고정 끈이 있다. 여성의 경우 나무로 만들기도 하고 칠을 입히기도 하며, 고정 끈도 아름다운 실크를 사용하기도 한다. 조리(草履)는 가죽 제품으로 의례적인 장소에 갈 때 착용하는 경우가 많다.

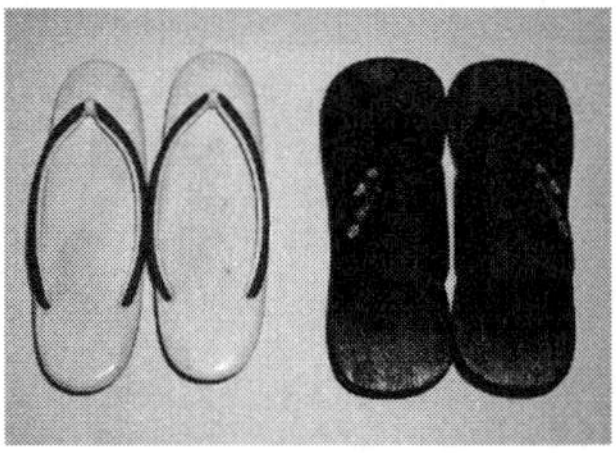

조리(草履)와 게다(下駄)

③ 다비(足袋)

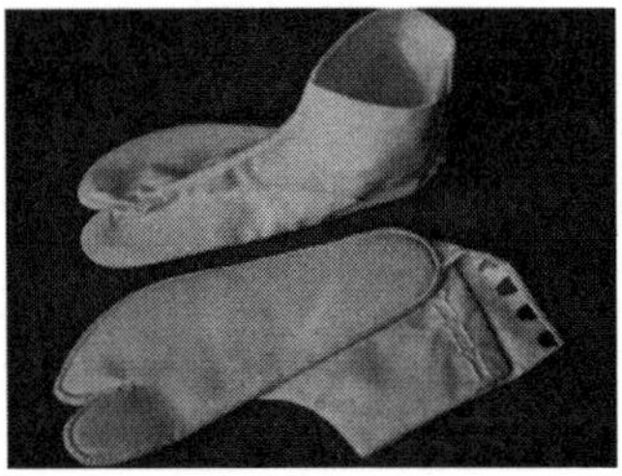

다비(足袋)

다비(足袋)는 엄지발가락과 둘째 발가락 사이가 나뉘어져 있는 실크나 면으로 만든 일본식 버선이다. 다비는 게다를 신기 위해서 발가락 사이가 갈라져 있다. 엄지발가락과 둘째 발가락 사이가 나뉘어져 있기 때문에 게타를 착용하기가 쉽다. 여성들뿐만 아니라 남성들도 발가락이 갈라진 버선인 다비를 신는다. 남성들은 검은색이나 감청색을 주로 신으며, 여성의 경우에는 정장 차림에는 흰색, 일상복 차림에는 색이 있는 다비를 신게 된다.

제7장 일본의 음식 문화

1. 식생활의 변화

인류는 오랜 기간 동안 각각 자신들의 풍토와 미각에 맞는 이루 헤아릴 수 없을 정도로 많은 요리를 만들어내고 개발해 왔다. 이러한 식생활의 다양성은 각 지역의 자연환경이나 재료를 요리하는 기술, 요리에 부여하는 문화적 의미의 다양성에서 비롯되었다고 할 수 있다. 요리도 주거양식에 못지않게 각기 여러 지역의 생태학적 환경과 밀접한 관련 속에 형성되어 온 문화이기 때문에 토착성이나 전통성이 강한 생활문화의 하나인 것이다.

1) 식생활의 역사

나라 시대에는 불교의 영향으로 살생이 금지되었으며, 소나 말, 닭, 원숭이의 식용을 금하고 있었다. 이러한 식생활에 대한 금기는 에도 시대까지 이어졌다. 이것은 경작용 가축인 우마의 식용을 금지한 것이며, 사냥한 야생동물까지 금지한 것은 아니었다. 그러나 야생동물은 사람들의 정착생활과 농경지의 확대로 그들의 삶의 터전이 침식됨으로써 급격히 감소되어 갔다. 산간 오지에 사는 극소수의 사람들을 제외하면, 육식의 기회가 극히 제한되어 있었다.

가마쿠라 시대에는 중국으로부터 전래된 선종(禪宗)이 일본의 무가 사회에 수용되어, 수행기간 중에는 채식 요리를 먹게 된다. 또한 선종의 사찰에서 낮에 차를 마시는 습관이 일반화되자, 1일 2회의 식사 외에 1일 3식의 식사관행이 정착하게 된다. 가마쿠라 말기부터는 차마시기 풍습의 차노유(茶湯)라는 다도가 일본 특유의 생활문화로 완성되었으며, 차를 끓이기 전에 준비하는 카이세키(懷石) 요리가 생겨나 나중에는 일본의 대표적인 요리로 자리를 잡게 된다.

에도 시대에는 에도와 오사카 등의 대도시로 전국의 산해진미가 유입되면서, 소비와 향락 중심의 도시문화로 바뀌어갔다. 그리고 이들 대도시에는 경제력을 갖춘 신흥 조닌(町人) 계급을 주된 고객으로 하는 요정과 음식점 등이 생기면서, 요정에서는 이들을 위한 연회용 요리가 발달하게 되었다.

에도 말기에는 오랫동안 육식을 금지한 식생활의 근간이 붕괴되기 시작하는데, 특히 외국인 거주지를 중심으로 쇠고기 요리가 유입되면서, 이것을 먹는 것이 진보사상의 상징이 되기도 했다.

에도 시대에는 오늘날 일본의 대표적 요리로 자리 잡은 덴푸라(天ぷら, 튀김요리)나 소바(そば, 메밀국수), 스시(寿司, 초밥) 등이 생겼으며, 와사비(わさび, 고추냉이)를 넣은 간장에 찍어 먹는 현재의 사시미(刺身, 생선회)도 에도 시대에 간장이 보급되고 나서 일반화되었다. 또한 가장 널리 사용되는 조미료인 간장이나 설탕, 다시마 등도 에도 시대에 생겼다. 일본요리의 형성과정에서 에도 시대가 차지하는 사회경제적 의미와 비중은 매우 높다.

메이지 시대에는 서구 유럽의 음식이 급격히 유입되어 일본의 전통적 식생활에 큰 변화를 일으켰다. 육식도 허용되고, 정부의 장려로 쇠고기와 채소 등을 냄비에 넣어서 끓여먹는 규나베(牛鍋)가 유행한다. 이때부터 일본과 서양식 요리의 절충형도 속속 등장하게 된다.

혼자서 먹는 음식 차림인 메이메이젠(銘銘膳)이나 여럿이 함께 먹는 높이가 낮은 밥상인 차부다이(卓袱台) 등 식탁에서도 식생활 환경이 크게 변화하게 된다.

제2차 세계대전 이전의 일본인의 식사는 쌀을 주식으로 한 쓰케모노(漬物, 야채절임)와 미소시루(味噌汁, 된장국), 야채요리가 일반적인 형태였다. 전후 미국에서 들어온 탈지분유와 밀가루가 무상으로 보급되어 학교급식이 시작되었고, 이와 더불어 1950년대 시작된 고도경제성장으로 일반 서민의 식탁에도 구미형 음식이 들어오기 시작했다.

일본인의 식생활 역사에서 가장 큰 변화는 메이지 초기의 육식 허용과 외국 식문화의 적극적 도입을 계기로 일어났다. 또한 일본인의 전통적 식생활은 육류 섭취가 억제된 곡류를 중심으로 한 것이었으며, 필수 아미노산의 섭취는 생선이나 콩을 통해 이루어졌다.

2) 사시미(刺身)와 스시(寿司)

① 사시미(刺身)

육식이 억제된 곡류 중심의 전통적 식생활에서는 맛있는 음식은 당연히 생선류였다. 현대 일본인의 식생활에서도 생선은 빼놓을 수 없는 것으로, 세계 어느 민족보다 생선 소비를 많이 하고 있는 것으로 알려져 있다. 일본인에게 해산물 중 생선은 가장 좋은 반찬에 해당되며, 훌륭한 반찬거리가 되는 것이다.

"날것으로 먹을 수 없다면, 구워서 먹어라. 그래도 못 먹겠거든 끓여서 먹어라"라는 얘기가 시사하는 바와 같이, 일본요리에 있어서 음식의 신선도에 대한 집착과 그것에 연유된 요리법의 간소화, 음식 재료의 자연 그대로의 맛을 강조하는 요리의 소박함과 자연주의가 강조되고 있다.

요리의 관심은 오직 소재의 맛을 어떻게 하면 그대로 살릴 수 있을까에 집중되었다. 최근의 일본인은 이러한 가치관과 식생활의 전통을 바탕으로, 선도를 유지하는 냉동 기술과 다양한 가공 기술의 개발로 최대 생선 소비국과 수산대국에 걸맞는 세계의 온갖 해산물을 즐기고 있다. 일본어에 우미노사치(海幸)와 야마노사치(山幸)라는 말이 있다. 이는 산이나 바다에서 나는 풍부한 식품의 재료를 가리키는 말로서, 일본인은 자연환경에 많은 혜택을 받고 있다는 말이기도 하다.

일본은 대부분의 도시가 바다와 인접해 있거나 아주 가까운 거리에 있다. 이것이 예나 지금이나 우미노사치를 신선한 동안에 가져와 먹을 수 있었던 천혜의 조건이 된 것이다. 생선은 전통적으로 일본의 부식으로서 가장 맛있는 음식이었지만, 그 중에서도 신선할 때 날것으로 먹는 것을 최고로 친 것이다.

일본요리 중에서 신선도를 중시하는 식품은 말할 것도 없이 사시미(刺身)이다. 생선은 그 자체가 종류는 다양해도 사시미의 형태로 먹는 경우, 조미료를 많이 섞어 맛을 낸 다른 요리에 비해 맛에는 특별한 차이가 없다. 따라서 요리사는 맛으로 승부를 낼 수 없으며, 요리에 사용된 재료의 품질을 문제 삼게 된다. 나아가 요리의 모양과 색깔, 장식 등의 모양내기에 주력하게 된 것이다.

일본의 생선요리를 생각할 때, 간장과 소금의 기능을 빼놓을 수 없다. 생선요리는 간장과 소금이라는 단일 조미료의 사용에까지 영향을 미쳤다. 끓여 먹는 생선에는 간장, 구워 먹는 것에는 소금이라는 등식이 성립할 정도로 간장과 소금은 생선요리에서 중요한 위치를 차지하고 있다. 이 중에서 특히 간장은 생선을 단일 맛으로 먹는 일본인의 식사 관행을 더욱 진전시켰다. 간장은 생선요리 문화의 결과이며, 비린내를 없애고 생선의 담백한 맛을 강조하는 가장 좋은 조미료이다.

② 스시(寿司)

일본의 음식을 대표하는 또 하나의 생선요리는 스시(寿司)이다. 스시는 원래 생선을 오랫동안 저장하기 위해 만든 것이며, 이를테면 생선절임인 셈이다. 나무통이나 항아리에 소금을 친 생선과 밥을 번갈아 넣고, 또는 생선의 뱃속에 밥을 넣거나 통 속에 어육과 밥을 번갈아 넣어 누름돌로 눌러 두면, 자연적으로 발효되어 썩지 않는 생선절임이 만들어진 것이다. 이렇게 하여 만든 나레즈시(熟れ寿司, 생선초밥)는 도작문화권인 동남아시아에서도 널리 애용되고 있는 것으로 알려져 있다. 가장 오래된 나레즈시는 시가현(滋賀県)의 후나즈시(鮒寿

司, 붕어초밥)가 유명하다. 이 후나즈시는 익숙하지 않은 사람에게는 냄새가 강해서 먹기 힘들 수 있다. 나레즈시의 변형된 형태가 오시즈시(押し寿司)인데, 상자 틀에 밥과 생선을 넣어 일정한 시간 동안 눌러서 만든 것이며 하코즈시(箱寿司)라고도 한다.

그런데, 이러한 자연 발효된 스시는 어느 정도의 시간이 필요하다. 좀 더 빨리 스시를 먹기 위해 고안 된 것이 바로 에도 시대 후기에 나타난 니기리즈시(握り寿司, 주먹초밥)이다. 에도 후기에는 서민들의 생활도 윤택해지고 외식하는 기회도 빈번해지면서 일반 서민들이 접하기 쉽지 않았던 스시를 가격 부담 없이 먹고 싶어 하는 수요가 늘어나서 생겨난 스시가 니기리즈시이다. 이것은 생선의 어육을 엷게 썬 것을 초를 넣어 섞은 밥을 손으로 한 움큼 집어 단단하게 한 것 위에 얹어 먹는 것으로, 현재 일식집에서 먹을 수 있는 스시의 형태인 것이다.

식사 시간에 맞추어 먹는 식사라기보다는 간식의 개념으로 먹었던 대중적인 음식으로서 당시 에도에서 엄청나게 유행하게 되었다. 당시에는 보존하기 쉽지 않았기 때문에 날 생선으로 곧바로 만들지 않았으며, 식초와 간장에 절여서 부패를 막고 맛나게 먹을 수 있는 노력이 있었기 때문에 니기리즈시가 확산될 수 있었다. 이후에는 더욱 간편하고 저렴한 마키즈시(巻き寿司, 김초밥)나 이나리즈시(いなり寿司, 유부초밥)도 생겨나게 되었다.

에도 시대에 야타이(屋台, 노점)에서 시작된 니기리즈시가 전국으로 확산되면서 일반화된 대중 스시가 되었으며, 현재는 점차 고급 음식점으로 자리를 잡아가고 있다. 한편, 저렴한 가격으로 즐길 수 있는 회전스시 전문점도 많아졌다.

중국 음식을 불의 요리라 한다면, 한국 음식은 손의 요리로 일컬어지는데 반해, 일본 음식은 칼의 요리라고 생각할 수 있다. 칼을 이용해서 요리할 때 가장 중요한 것은 음식 재료의 신선함에 있다. 신선한 음식을 먹기 위해 일본인은 최소한으로 조리하거나 날것을 즐긴다. 음식 재료의 향과 맛, 그리고 식감을 그대로 살려 신선함을 내세운 일본 요리는 요즘 세계인에게 각광받는 음식이 되었다.

사시미(刺身)

스시(寿司)

3) 돈가스(豚カツ)와 카레라이스(カレーライス)

일본은 서양에서 들어온 요리를 다양한 형태로 일본인들의 주식인 밥에 어울리는 양식(洋食), 일본인의 입맛에 맞게 개량한 일본식 서양 요리를 만들어냈다. 그 대표적인 음식이 돈가스(豚カツ)와 카레라이스(カレーライス)이다.

① 돈가스(豚カツ)

돈가스는 본래 프랑스 요지의 커틀릿(Cotelette)을 일본식으로 개량한 음식이다. 커틀릿이 처음 일본에 들어왔을 때 버터 맛에 익숙하지 않은 일본인들에게는 느끼해서 먹기 힘든 요리였다. 양식집 셰프가 일본요리인 덴푸라(天ぷら, 튀김)의 조리법에서 착안하여 버터를 넣지 않고 기름에 돼지고기를 튀겨낸 포크 커틀릿(Pork cutlet)을 만들어냈는데, 서민들에게 인기를 얻어 돈가스로 발전하였다고 한다. 커틀릿은 얇은 소고기나 양고기에 고운 빵가루를 입혀서 버터를 녹인 프라이팬에 굽는데, 돈가스는 두툼한 돼지고기에 굵은 빵가루를 입혀서 넉넉한 기름에 튀겨낸다. 그리고 포크나 나이프 대신에 일본인들이 평소에 사용하는 젓가락을 사용해서 먹을 수 있도록 돈가스를 잘라 놓고, 미소시루(味噌汁, 된장국), 양배추채 등을 곁들여 먹게 된다. 즉, 요리에 쓸 재료와 요리하는 방법을 일본인의 입맛에 맞도록 요리하고 식사하는 방식까지도 젓가락을 사용할 수 있도록 개량한 것이다. 돈가스는 이제 국민 음식이라고 할 수 있을 만큼 대중적인 양식 요리가 된 셈이다. 이와 같은 방식으로 만든 요리에는 굴을 이용한 가키후라이(カキフライ, 굴튀김), 에비후라이(海老フライ, 새우튀김) 등이 있다.

②카레라이스(カレーライス)

카레라이스는 인도 다음으로 소비량이 많은 나라가 일본이라고 한다. 일본인들이 즐기는 카레는 본산지인 인도의 카레와는 다르다. 인도 카레는 푹 끓인 채소에 다양한 종류의 스파이스를 넣어서 묽게 만드는데 비해, 일본 카레의 경우는 건더기를 많이 넣고 걸죽하게 만드는 영국식 카레이다. 메이지 시대 초기에 영국 군대 식사인 카레를 일본 해군의 군대식으로 도입한데서 유래되었다고 한다.

해군의 군대식에서 비롯된 일본의 카레는 다이쇼 시대(大正時代, 1912~1926)에 들어서 전국으로 확산되었다. 처음에는 양식 레스토랑에서 먹을 수 있던 요리였는데, 1950년대부터는 일반 가정으로 널리 보급되었다. 최근에는 다양한 카레 메이커의 등장과 손쉽게 데워서 먹을 수 있는 인스턴트 카레 상품의 출시 등으로 대중화된 서양요리 중의 하나이다.

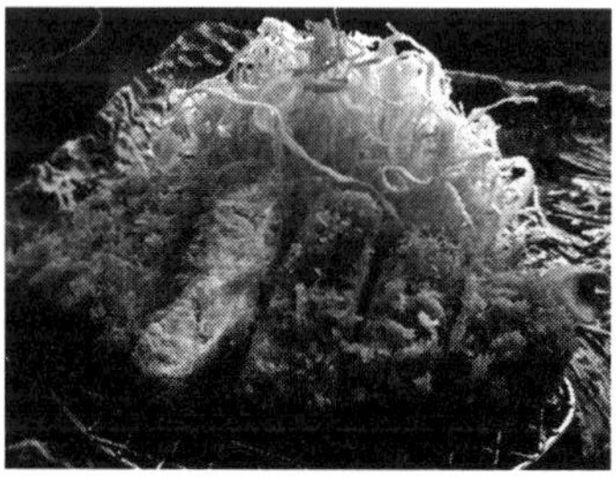

돈가스(豚カツ)

카레라이스(カレーライス)

양식은 150년 정도의 짧은 역사 속에서도 일본인들에게 대중적인 음식으로 자리를 잡았다. 생활에 있어서도 제2차 세계대전 이후부터는 식단의 서구화가 급속도로 진행되어 양식 레스토랑은 전국으로 확산되었다. 전쟁이 끝나고 식량난이 계속되어 고단백, 고칼로리인 양식이 각광을 받게 되었다. 외식에서 먹는 특별한 음식으로 여겨졌던 양식을 일반 가정에서도 먹을 수 있게 되었다. 일본에 전해진 서양 요리는 일본인에 의해 일본인을 위한 요리로 완전히 바뀌어갔고, 지금은 일본인들의 가장 대중적인 국민 음식으로 굳건히 자리를 잡았다.

2. 식사 문화

1) 개인 전용식기와 청결감

일본인들의 식사하는 모습은 한국인처럼 큰 상에 음식을 잔뜩 차려놓고 여러 사람이 함께 먹는 것이 아니라, 각자 자기 앞에 놓인 개인상 위의 보잘 것 없는 음식을 들고 있는 것을 볼 수 있다. 이와 같이 각자 따로 먹는 밥상을 메이메이젠(銘銘膳)이라 하는데, 지금도 각종 모임의 회식이나 결혼 피로연 등에서 흔히 볼 수 있다. 현재 일반 가정에서는 다리를 접을 수 있는 조금 큰 상(卓袱台, 차부다이)이나 현대식 식탁에 가족들이 함께 식사를 하는 것이 일반적이지만, 반찬을 포함한 음식은 기본적으로 각 개인별로 따로 마련된다. 즉 음식을 개인의 전용식기에 미리 나눠서 먹는다는 말이다. 그러니까 자연히 음식의 수가 많지 않으며, 일단 수저를 대었다 하면 남기지 말고 모두 먹어야 한다.

이러한 전용식기의 대표적인 예가 제2차 세계대전 이전가지만 해도 도시나 농촌에서 사용되었던 하코젠(箱膳)이다. 이것은 뚜껑이 달린 정방형의 상자 밥상으로, 상자 속 서랍에 밥공기와 접시, 젓가락 등의 식기가 들어 있다. 식사 때 뚜껑을 뒤집어 상자 위에 놓고 식기를 나열한다. 하코젠과 그 안에 있는 식기류는 각각 사용자가 정해져 있으며, 같은 가족끼리도 다른 사람의 것을 사용하지 않는다. 이들에게는 남이 사용함으로써 오염되어 부정한 것이 된다는 관념이 있었으며, 다른 사람의 입과 접촉하는 것을 가능한 한 피하려고 했다.

식사에 대한 일본인의 위생관을 알아볼 수 있는 또 하나의 예가 있는데, 바로 지정된 용도로만 쓸 수 있는 도리하시(取箸)라는 젓가락의 사용이다. 도리하시는 함께 먹기 위해 준비된 음식을 덜어서 먹기 위한 젓가락이다. 도리하시가 없다면, 자신의 젓가락을 거꾸로 하여 입에 닿지 않은 부분을 사용하여 음식을 덜어가야 한다. 개인별 식기사용은 일본인의 식사 관행에 있어서 특별한 청결감의 표현이라고 할 수 있다.

메이메이젠(銘銘膳)

2) 외식 문화

일본의 외식 문화는 에도 시대부터 발달하기 시작하여 메이지 시대까지 이어졌다. 특히 도쿄와 오사카 등의 대도시를 중심으로 발달했는데, 그 중 가장 간편한 것이 포장마차나 메밀국수 가게 등의 간이식당이나 다방에서 요깃거리를 하는 것이었다. 이것이 메이지 시대에 들어와서는 샐러리맨의 도시락을 대신해서 이용하였으며, 여행자들이 늘어남에 따라 점점 번창하게 되었다. 에도 시대에는 외식을 위한 전문요리점도 등장하여, 소바, 오뎅, 스시 등의 요리점이 생겨났으며, 메이지 시대 이후에는 서양요리와 중화요리, 향토요리 등을 전문으로 하는 요리점도 탄생하였다.

다이쇼 시대에는 도시의 대중이 증가하면서 대중음식점이 급격히 발달하게 되는데, 이들 음식점은 도시인의 기호에 맞는 다양한 메뉴를 갖추고 영업을 시작하였다. 그리고 연극의 막간에 먹을 수 있는 마쿠노우치 도시락(幕の内弁当)과 여행자들을 대상으로 파는 에키벤(駅弁)이 상당한 인기를 끌었다.

에키벤(驛弁)

제2차 세계대전 중에는 외식 문화가 활력을 잃게 되었으며, 전후에는 젊은이들이 좋아하는 음료수를 제공하고 음악을 들려주는 스낵(スナック)이 학생과 젊은 노동자들에게 인기를 끌었다. 그리고 역 주변에는 싸고 간편한 식사를 제공하는 패스트푸드점이 직장인과 학생들에게 인기가 있었다. 점점 서민 생활에 여유가 생기면서 가족 단위의 외식이 늘어나 패밀리 레스토랑 산업이 활성화되었다.

패밀리 레스토랑

3) 한국과 일본의 식사문화 차이

일본인의 식사는 우리와 마찬가지로 기본적으로 밥과 국, 반찬 몇 가지로 이루어져 있다. 그러나 먹는 방법에는 큰 차이가 있다. 이는 밥그릇과 국그릇의 차이에서 비롯되는데, 한국에서는 그릇을 들고 먹는 것은 식사 예의에 어긋나나, 일본에서는 반대로 놓고 먹는 것이 비천한 행위가 된다. 얼마 전까지만 해도 한국에서는 주발이 대부분 놋그릇이었으며, 이것이 크고 무거운 데다가 뜨거운 국이나 밥을 담으면 열전도가 빨라 손으로 들 수가 없었다. 그래서 밥과 국을 숟가락으로 떠서 먹게 된 것이라고 생각한다. 일본에서는 반대로 주발이 모두 목제 그릇이나 도자기 그릇으로 작고 가벼우며, 열전도도 느려서 들고 먹기에 편하다.

일본 요리는 모두 젓가락을 사용해서 먹는다. 국물보다 건더기가 중심이어서 젓가락만으로도 충분하다. 또한 일본에서는 일단 젓가락을 댄 음식은 남기지 않으나 한국에서는 남겨도 무방하다. 옛날 한국의 양반집에서는 오히려 남기는 것이 하인을 위한 주인의 넉넉한 아량으로 통하기도 했다. 일본에서는 처음부터 적은 양의 밥과 국이 나오며, 더 먹을 경우에는 오카와리(おかわり, 추가)를 부탁하게 된다. 그리고 큰 그릇에 담긴 요리의 경우에도 함께 먹지 않고 각자 작은 도리자라(取り皿, 앞접시)에 덜어서 먹어야 한다.

한국에서는 국에 밥을 말아 먹는 것이 보통이나 일본에서는 남이 먹다 남은 것이나 자신의 것이라도 섞어서 먹는 것을 극히 싫어하는 것은 소재 본래의 맛과 모양을 즐기는 식사 습관에서 비롯되었다. 즉, 섞으면 재료 본래의 모양이나 색깔, 맛이 사라지며 여러 음식이 섞인 모양은 결코 보기에 아름답지 않다는 것이다.

풍부한 자연환경에 의해 우미노사치와 야마노사치가 넘치는 풍토에서 신선한 생선이나 야채를 가능한 한 본래의 맛을 살려서 먹기 위한 다양한 방법을 개발한 것도 우리와의 큰 차이라고 할 수 있다. 여러 종류의 예쁜 모양으로 담아낸 음식을 가능한 한 그 모양을 마지막까지 흐트러뜨리지 않고 먹는 젓가락 전용의 식사 문화가 형성된 것이다.

제8장 일본의 주거 문화

1. 주거문화와 환경

1) 자연환경과의 관계

일본의 주택과 주거문화를 이해하기 위해서는 일본의 기후 조건을 알아야 한다. 특히, 일본 열도는 남부와 북부의 기후차가 크므로 일본의 주거 공간은 지역의 기후와 밀접하게 관련된다. 남부지방의 기후는 고온 다습하기 때문에 주택에서 난방 방식이 그리 발달하지 않았다. 이에 반해 북부지방의 주택에서는 고타쓰(炬燵)나 이로리(囲炉裏) 등의 난방 기구를 사용하며 스토브 등의 전열 기구도 활용하고 있다.

일본은 고온 다습한 기후적 특성을 고려하여 겨울철보다도 여름철의 온도와 습도의 조절이 중요하므로 개방적인 구택 구조를 갖는 여름형 주택으로 지어지는 것이 특징이다. 이러한 여름형 주택 구조는 목조 주택이기 때문에 프라이버시를 확보하기 위해서는 주거 영역을 외부와 차단하는 높은 담과 울타리를 사용하기도 한다.

그리고 겨울철에는 강설량이 상당히 많다. 일본해 쪽의 산간지방은 매년 3m 이상의 강설량을 기록할 정도이다. 지붕에 눈이 쌓이지 않고 잘 흘러내리도록 지붕의 경사를 급하게 할 필요가 있다. 이러한 이유에서 기후현(岐阜県)의 시라카와고(白川郷) 집락촌, 도야마현(富山県)의 고카야마(五箇山) 집락촌 등 산지의 주택은 경사가 급한 지붕 형식인 갓쇼즈쿠리(合掌造り)의 주택 구조를 하고 있다.

기후현(岐阜県) 시라카와고(白川郷)의 갓쇼즈쿠리(合掌造り)

2) 일본 주택의 특징

일본의 건물들은 높지 않으며 목조건물이 많다. 이것은 일본의 가장 큰 자연재해인 지진 때문이라고 할 수 있는데, 콘크리트 건물보다 목조 건물이 흔들림에 훨씬 강하기 때문이다. 그러므로 지진이 많이 일어나는 일본에서 자연스럽게 높지 않은 목조건물이 지어졌을 것이다. 그러나 목조건물이 오히려 화재에는 취약하다는 단점도 있다. 1995년 한신대지진 때 6천 명 정도의 사망자를 낸 것도 목조건물의 화재가 큰 원인이었다고 한다. 게다가 목조건물은 방음이 잘 되지 않는다는 문제점도 있다.

주택 구조는 지역에 따라 다양한 형태를 나타내는데, 눈이 많이 내리는 지방의 주거 형태와 고온다습한 아열대 기후 지방의 주거 형태는 뚜렷한 차이를 보이고 있다. 눈이 많이 내리는 지역에서는 현관 입구의 공간을 넓게 만들기도 하고 추위를 막기 위해서 이중으로 출입문을 설치하기도 한다. 또한 지붕의 경사도를 급하게 만들어 눈이 쌓이지 않도록 한다. 고온다습한 태평양 연안 지역의 경우에는 비바

람을 막기 위해서 유리 창문의 밖에 아마도(雨戸)라는 덧문을 설치하기도 한다.

3) 현대 일본의 주택

일본의 단독주택은 목조가 많고, 보통 1층이나 2층으로 되어 있다. 목조는 화재에 약하지만, 통풍이 잘 되기 때문에 고온다습한 일본의 기후에 적합하다. 그러나 최근에는 콘크리트나 철골조의 주택이 늘어나고 있으며 주택의 형태도 서양식으로 바뀌어가는 추세에 있다.

한국에 온돌을 사용한 난방이 있다면 일본에는 다타미(畳)와 고타쓰(炬燵)를 사용한 난방 방법이 있다. 다타미는 일본의 주택생활에 있어서 가장 큰 특징이다. 그리고 한국에서는 평수로 방의 크기를 말한다면, 일본은 바닥에 깔린 다타미의 수로 방의 크기를 말한다. 일본의 다타미 문화가 형성된 된 것은 나름의 이유가 있다. 우선, 다타미는 습기나 냉기 조절에 아주 뛰어나기 때문이다. 다타미는 습기가 많은 여름철에 습기를 빨아들이고 겨울철에는 방바닥이 차가워지는 것을 막아주는 기능을 한다.

고타쓰는 일본에서 스토브 등의 전열기구와 함께 대부분의 주택에서 사용하는 난방도구라 할 수 있다. 낮은 책상 같이 생긴 곳에 적외선 등을 달고 이불을 덮은 뒤 이불 위에 판을 덮고서 그 아래에 발을 넣어 몸을 따뜻하게 하는 도구이다. 고타쓰는 가족들이 둘러 앉아 식탁이나 책상 등으로 다양하게 사용할 수 있는 공동의 생활공간이라 할 수 있다.

도코노마(床の間)는 그림이나 꽃꽂이를 감상하기 위해 다다미방 벽

면에 만들어둔 공간을 말한다. 방바닥을 약간 높여 벽에 족자를 걸고, 그 앞에 화병이나 장식품을 올려놓는다. 오시이레(押し入れ)는 다타미 방의 한 면에 있는 붙박이 벽장을 말한다. 후스마(襖)는 가느다란 나무틀을 짜서 양면에 두껍고 튼튼한 종이나 헝겊을 바른 문을 가리킨다. 종이 자체가 아름답고 방과 방 사이를 구분하거나 오시이레의 문으로 사용된다.

보통 가정에서는 목욕탕과 화장실이 따로따로 분리되어 있다. 먼저 발판이 깔린 씻는 곳(洗い場)에서 몸을 씻는다. 가족 전원이 한번 데운 목욕물(お湯)을 차례차례 사용한다. 가스로 물을 데울 때에는 욕조 위의 뚜껑을 덮고서 데우며, 다음 날 다시 사용하고 싶은 때에도 플라스틱이나 나무판으로 된 뚜껑을 덮는다.

⇦ 다타미(畳)

⇨ 고타쓰(炬燵)

2. 일본의 서민주택

1) DK(다이닝 키친)의 탄생

1955년 이후 일본 최대의 도시 도쿄로 인구가 유입되면서 주택의 수요가 상승하였다. 이와 더불어 제2차 세계대전 이후의 열악한 주택환경을 개선하기 위하여 1955년에 일본주택공단을 발족하였다. 전후의 새로운 주택건설의 임무를 맡은 일본주택공단은 최소한의 주택 기준으로, 1940년의 전시 체제에서 제기된 기준을 참고하여 부부와 어린이의 별도 침실을 확보하고 식사를 하는 방과 침실을 분리하도록 하는 원칙을 정했다. 이 원칙을 충족시키기 위해서는 최저 두 개의 방과 식사용 공간이 필요했다. 그러나 주어진 13평(약 43㎡)의 규모로 6조(畳)와 4.5조의 두 개의 침실을 확보하고 침식을 분리하기 위해서는 키친을 약간 넓혀서 식사할 공간을 만들어야 했다.

이렇게 해서 생겨난 것이 DK(다이닝 키친)이다. DK는 서양의 주택에는 없는 발상이며, 당시 일본주택공단이 명명한 일본식 영어이다. 60년대 이후부터 일본주택공단 주택은 2LDK(리빙 다이닝 키친)나 3DK가 일반화되어 가지만, 2DK라는 기본에 가족 개개인의 사적공간을 더 늘여 가는 LDK라는 발상이 집단주택만이 아니라 개별주택에 있어서도 이후의 주택건설에 있어서 가장 중요한 부분이었다. 일본주택공단의 고육지책이었던 DK는 제2차 세계대전 이후 일본의 주택건설에 있어서 가장 획기적인 결실이었다.

2DK가 요구하는 현대식 생활은 부모와의 동거를 기피하는 젊은 신혼부부에게는 절대적인 조건이었다. 공단은 교외의 논 한가운데에 단지를 건설할 때에도 커뮤니티의 환경을 가능한 한 정비하려고 하였다. 상점이나 의료기관, 교통편을 확보함과 동시에 단지 내에 집합소를 설립하여 단지에 사는 사람들끼리의 교류나 자치활동을 촉진했다. 집회실에서는 자주적인 육아활동이 행해진다든지, 유아 교실이나 아동도서관이 설립되기도 하였다. 비교적 녹지가 많은 자연환경으로, 도시 부근에서 아이를 기르기에는 최고의 환경이었다.

2) 일본주택의 구조

일본의 주택은 지난 100년간 많이 변화하였으나 지방에 가면 여전히 전통 주택을 볼 수 있다. 이 전통 가옥은 경사진 지붕에, 목재와 점토로 되어 있다. 일본의 여름은 덮고 습기가 많으므로 환기가 잘 되도록 집을 짓는다. 방에는 일반적으로 후스마가 있다. 이 문을 트면 두 개의 작은 방을 큰방으로 쓸 수도 있다. 전통 가옥에서 현관, 복도 및 부엌 바닥은 다타미이다. 그러나 오늘날에는 하나 정도가 다타미 방일 뿐, 대부분의 주택이나 아파트 바닥재로는 니스 칠로 마감한 나무나 카펫을 사용하고 있다. 집에 들어갈 때는 신발을 벗고 슬리퍼를 신는다. 다타미 방에는 복도에서 슬리퍼를 벗고 들어간다.

오늘날 대다수의 주택은 현대식으로 짓는다. 현대 주택은 주로 철강, 콘크리트 및 목재로 건축되어 있다. 특히 도시는 주택 부지가 부족하므로 집값이 비싸고 규모가 작다.

대다수 중산층 일본인들은 침실 두 개, 거실 하나, 부엌 하나인 2LDK에 살고 있다. 그러나 가전제품은 세계 제일의 수준이다. 맞벌이 부부가 늘어나는 일본에서 가정 취사에서부터 세탁, 청소에 이르기까지 기계에 의존할 수밖에 없는 현상이 가전제품의 보급을 늘리는데 일조하고 있다.

겨울에 몹시 추운 홋카이도를 제외하고는 일반적으로 중앙난방 시설이 흔치 않다. 나머지 지역은 사람이 방에 있는 경우에만 난방을 하는 것이 일반적이다. 방을 따뜻하게 유지하는 전통적이고도 실용적인 방법으로 아래 부분에 특별 전열 기구를 장착하고 이불을 덮은 작은 탁자인 고타쓰를 사용한다.

일본의 고타쓰는 전통적인 난방 기구였다. 옛날에는 작은 용기에 숯불을 담고, 그 위에 나무로 만든 틀을 설치해 이불을 덮어서 사용했기 때문에 위험한 요소도 있었지만 지금은 숯불대신에 전기를 사용한다. 이불 아래 발을 넣어 따뜻하게 하는 방법이므로 작은 열원으로 보온기능을 유지하기 때문에 매우 경제적이다. 여기에 설치된 나무틀을 야구라(櫓)라고 하며, 이불 위에 네모난 판자를 놓아서 식사를 하거나 책상으로 사용하기도 한다. 물론 현대적인 난방 장치도 많이 있다. 전기 스토브 등의 작은 전열기를 쉽게 구입할 수 있으며, 대부분의 에어컨은 난방과 냉방을 겸할 수 있게 되어 있다.

일본 주택에는 화장실과 별도로 욕실이 배치되어 있다. 직사각형의 욕조에 온수를 채운다. 욕조에 들어가기 전, 욕조 옆의 작은 의자에 앉아 비누로 몸을 깨끗이 씻고 헹군다. 각각 몸을 깨끗이 하여 욕조에 들어가므로, 전 가족이 같은 욕조의 물을 사용할 수 있다.

3) 임대주택

일본 도심의 경우 집값이 너무 비싸서 평범한 회사원에게 주택 소유의 꿈은 이루기가 그리 쉬운 일이 아니다. 따라서 보통 집을 빌리게 되는데 한국과 같은 전세는 거의 찾아 볼 수 없고 월세가 일반적이다. 또 아파트와 일반 맨션의 개념이 한국과는 조금 다른데, 기본적인 구조는 비슷하지만 대개 2층 건물까지를 아파트라 하고, 3층 이상의 건물을 맨션이라 한다.

도쿄에서는 2DK(방2, 거실, 식당)인 아파트의 경우, 한 달에 집세가 약 10만 엔 정도이고 맨션은 12만 6천 엔이며 3DK는 16만 엔 정도이다. 일본에서 집을 임대할 때는 레이킨(礼金, 사례금), 시키킨(敷金, 보증금), 야친(家賃, 월세)이 기본이고 여기에 부동산 중개료와 보증인도 필요하다. 계약이 끝나고 돌려받을 수 있는 돈은 시키킨이지만, 시키킨은 주택 수리, 보수 등의 변상이 필요한 경우에 그 수리비를 제외한 나머지를 돌려받을 수 있다.

일본의 부동산 중개업소(不動産屋)

그런데, 2000년 이후 거주자들의 라이프 스타일에 맞춘 새로운 임대주택이 등장하고 있다. 애완동물과 함께 사는 것을 전제로 설계된

애완동물 공생형 맨션(ペット共生型マンション), 오토바이를 타는 거주자를 위한 라이더즈 맨션(ライダーズマンション), 방범에 중점을 둔 여성 전용 맨션(女性専用マンション) 등은 대부분 도시에서 독신으로 사는 사람들의 라이프 스타일에 맞추어 운영되는 임대 맨션이다.

일본의 공동 주택은 지진이나 화재 등의 재난이 발생했을 때 출입구로 대피하기 어려운 상황에 대비해서 베란다를 통해 대피할 수 있도록 오픈되어 있다. 유사시에 간단하게 제거하고 옆집으로 대피할 수 있도록 가구와 가구 사이에 설치된 경계 구조물은 약한 재질로 만들어져 있다.

4) 일본의 빈집 문제

일본 기초자치단체인 오쿠타마(奥多摩)는 도쿄도에서 대표적으로 인구가 적은 산간지역이다. 면적이 225㎢로 도쿄도에서 가장 넓은 지역이지만 인구는 매우 적은 편이다. 인구의 거의 절반이 65세 이상이다. 빈집은 고령자 사망 등으로 갈수록 늘어나고 있다.

오쿠타마는 빈집을 활용해 젊은 전입자를 늘리려는 다양한 대책을 마련하고 있다. 인터넷 홈페이지를 통해서 임대·매매 대상의 빈집 정보를 공개해 외지인과 연결해주고 입주자들에게 다양한 지원책을 마련하고 있다.

일본에서는 최근 저출산과 고령화 문제, 그리고 지방 쇠락을 상징하는 빈집 문제 해결을 위한 다양한 대책이 나오고 있다. 약 800만 명의 전후 베이비 붐 세대 사망률이 올라가는 2020년부터는 매년 20~30만 채의 빈집이 생길 것이라고 한다.

수도권의 다른 지역도 예외가 아니다. 도쿄도와 인근 6개현의 기초단체 가운데 빈집 비율이 15%를 넘는 곳이 65곳이나 된다고 한다. 지바현 가쓰우라시(勝浦市)의 빈집 비율은 40%에 가깝다고 한다.

교외 지역의 빈집 급증과 고령자의 도심 회귀 현상은 일본 경제의 빛과 어둠을 상징한다. 전후부터 고도 성장기에 걸쳐 살 곳이 부족했던 일본에서는 단독주택이나 맨션이 대량 공급됐다. 도쿄에서 일하기 위해 많은 사람이 지방에서 모여들었고, 1967년 새로 공급된 주택만 100만 가구를 넘었다. 제1차 오일쇼크 시기를 제외하고 일본에서는 일관되게 지가가 상승했다. 이것이 토지신화를 만들어 마이 홈에 대한 희망이 부풀대로 부풀었다. 버블기까지 이어진 지가 상승으로 주택 개발은 수도권으로 확산됐다. 뉴타운 개발이 점차 교외 지역까지 퍼져나갔다.

세월이 지나온 현재 교외 지역의 지가는 계속해서 하락하고 지은지 20~30년이 넘은 건물은 평가액이 거의 제로에 가깝기 때문에 매각하면 오히려 손해라고 한다. 나이든 부모가 양호시설에 들어가게 되면, 방치된 주택은 곧바로 빈집이 된다. 집을 철거하면 비용이 발생하고, 가족 누군가 상속을 받는 것도 어려운 형편이다. 지금 교외에 있는 주택을 다른 것으로 바꿔 활용하지 않으면 빈집 비율은 지금의 15% 수준에서 2033년에는 일본 전국의 빈집 비율이 30%가 넘을 것이라고 한다.

오쿠타마(奧多摩)의 빈집 모습

제9장 에도 시대와 메이지 시대의 일본 정세

1. 에도 시대

1) 도요토시 히데요시와 전국통일

15세기 중앙의 막부 지배권이 약화되면서 지방에서는 하급관리와 중소 영주들이 독자적 지배권을 확보하면서 하극상이 전국적으로 확대되었다. 전국적으로 많은 슈고다미요(守護大名)들이 몰락하고 독자적 지배권을 확보한 새로운 다이묘들이 군웅 할거하는 전국시대(戰國時代)를 맞이하였다. 이들 새로운 다이묘들은 자급체제를 강화하기 위하여 농업 생산 및 병력 확보에 필사적이었다. 이들 다이묘들이 전국 상업 유통망을 확보하고 어용상인의 육성에 박차를 가하면서 도시가 형성되었고 상공업 발달이 발달할 수 있었다.

그 후 16세기에 접어들어 포르투갈 상인들을 통해 화약을 이용한 총포 제조가 전해지면서 전국의 다이묘들은 이 총포를 사들이는데 골몰했고 영토 확대 전쟁에 이용할 수 있게 되었다. 중국 마카오에 진출한 포루투갈 상인들은 나가사키항을 중심으로 일본과 중국의 중계무역에 적극적이었다. 16세기 후반에는 나고야 지역에 거점을 확보하고 있던 오다 노부나가(織田信長)가 주변의 다이묘들을 흡수하면서 대부분의 주변 지역 다이묘를 제압하였다. 노부나가의 뒤를 이은 도요토미 히데요시(豊臣秀吉)는 드디어 전국을 통일하게 된다. 히데요시는 규슈 지역을 평정하고 전국을 통일한 후에, 정권의 유지와

내부 분열을 막기 위한 명분으로 임진왜란(1592)과 정유재란(1597) 등 두 차례에 걸쳐 조선을 침입하였고, 1598년 도요토미 히데요시가 사망하면서 조선에서 완전히 철수하게 된다.

오다 노부나가(織田信長)

도요토미 히데요시(豊臣秀吉)

2) 세키가하라 전투와 에도막부의 탄생

도쿠가와 이에야스(德川家康)

도요토미 히데요시의 뒤를 이어 자신의 세력을 확장해온 도쿠가와 이에야스(德川家康)는 간토지방(関東地方)으로 세력 기반을 확장하여 새로운 영지를 구축하기에 이른다. 특히, 이에야스는 임진왜란 당시에 자신의 군사를 출병시키지 않았기 때문에 힘을 축적할 수 있었다. 히데요시가 사망한 후에는 다이묘들의 대립을 이용하여 후시미성(伏見城)을 발판으로 정권을 잡게 된다. 그 후 히데요시 정권 측의 이시다 미쓰나리(石田三成)는 이에야스를 축출하기 위해 고니시 유키나가(小西行長)와 모리 데루모토(毛利輝元) 등과 합세하여 전투를 일으켰다. 미노(美濃)의 세키가하라(関ヶ原)에서 전투를 벌인 결과, 이에야스 측이 승리하였으며, 이에야스는 세키가하라 전투의 승리를 계기로 일본 전국에 대한 지배권을 확립하였다. 세키가하라 전투(1600)는 도요토미 히데요시 사후 동군(도쿠가와 이에야스 측)과 서군(이시다 미쓰나리 측)의 전투이며, 일본 전국의 다이묘가 두 세력으로 나뉘어 싸운 결과 동군이 승리했다. 그런데, 도요토미 가문은 이 전투를 관망하는 자세로 일관했고, 도요토미의 신하였던 두 파벌 간의 전투 양상을 보였다. 도쿠가와 이에야스는 이 전투에서 승리를 거두면서 사실상 확고부동한 자리를 확보하였고 에도 막부를 세우는 발판을 마련하게 되었다.

세키가하라 전투에서 승리를 거머쥔 이에야스는 각 정치세력 간의 균형을 유지하기 위해 막번체제(幕藩體制)를 확립하였으며, 에도와 주요 요지는 막부가 직접 직할 지배할 수 있도록 하였다. 막번체제란 에도 막부와 그 지배하에 있으면서 독립적인 번을 통치하는 기관으로서의 정치체제를 말한다. 그리고 그 밖의 다른 번(藩)에 대해서는 여러 다이묘들에게 분배하여 지배하도록 하였다. 다이묘들을 인질로 삼아 1년씩 교대로 에도에 살게 하는 참근교대(參勤交代) 제도를 만들었으며, 외국과의 접촉을 제한하였다. 그리고 무사귀족에 대한 강력한 통제를 통해서 중앙집권적 체제를 유지할 수 있었다. 이 시기에는 에도(江戶), 오사카(大阪), 교토(京都) 그리고 각지의 조카마치(城下町) 상인들의 활동이 이루어져 상업의 발달과 더불어 새로운 조닌문화(町人文化)가 형성되어 갔다. 조카마치란 무로마치 시대부터 다이묘들의 성곽을 중심으로 무사들과 상인들이 모여서 형성된 마을을 일컫는다. 에도 시대에 상공업에 종사하는 사람들을 조닌이라고 하는데, 이들을 중심으로 생겨난 에도 시대의 독특한 문화를 조닌문화라고 한다.

다이묘의 참근교대 행렬

3) 에도 막부의 외교관계와 무역

에도 시대에는 몇 개의 지역을 제외하고는 기본적으로 외국과의 접촉을 단절하여 쇄국정책을 취했으며, 나가사키(長崎)가 유일하게 네덜란드와 중국의 민간 상인들과 교역이 활발하게 이루어졌다. 이외에 쓰시마번(對馬藩)을 통한 조선과의 무역, 사쓰마번(薩摩藩)을 통한 류큐(琉球)와의 무역, 마쓰마에번(松前藩)을 통한 아이누와의 무역 등 4곳의 대외 창구에 한정하여 외국과의 접촉과 무역이 이루어졌다.

나가사키는 에도 막부의 직할지로서 중국인 상인들을 위한 특별 거류지를 만들고, 나가사키의 작은 섬에 네덜란드 상인 거류지를 만들어 일본인들과의 제한적인 교류를 통해서 무역이 이루어졌다. 이것이 점점 발전하여 해외 문물 유입의 중심지가 되었고, 의사와 유학자들이 모여들어서 일본 국내의 해외 문화 중심지로 발전해갔다.

쓰시마번은 에도 시대에 일본이 유일하게 외교관계를 맺은 조선과의 외교와 무역을 담당했으며, 부산의 초량에 설치된 왜관(倭館)에 외교관과 상인을 상주시켰다. 부산의 왜관에서 조선과의 무역이 이루어졌으며, 조선과 일본의 대외 교류 창구의 역할을 했다.

사쓰마번은 1609년에 류큐 왕국을 침입하여 번의 지배하에 복속시켰다. 류큐 왕국은 사쓰마번의 지배하에 있으면서 중국과의 조공관계를 유지했고, 중국의 복주(福州)에 설치된 류큐관(琉球館)을 통해서 무역이 이루어졌다.

마쓰마에번은 홋카이도의 남부에 위치해 있으며, 홋카이도 지역에는 선주민 아이누족이 거주하고 있었다. 아이누족은 마쓰마에번의 수탈에 대항해서 일으킨 1669년의 봉기가 무력으로 진압되면서 마쓰마에번에 강제로 편입되었다. 그 후 아이누족은 마쓰마에번의 일본인 거주 지역에 대한 통행이 금지되었고, 자발적인 교역 활동이 불가능하게 되어 일본인을 위한 노동자로 전락하였다. 이렇게 하여 일본은 마쓰마에번을 통하여 홋카이도의 생산품을 입수할 수 있었고 대규모의 영토를 획득하는 계기가 되었다.

4) 쇄국 정책

도요토미 히데요시를 거쳐, 도쿠가와 이에야스의 에도 막부가 탄생하면서 막부는 외국과의 교류를 부담스러워 했다. 그 까닭은 무역으로 부를 쌓고 신무기를 손에 넣은 각지의 다이묘들이 막부에 대항할 지도 모른다고 여겼기 때문이다. 본격적인 쇄국은 제2대 도쿠가와 히데타다(德川秀忠)에 의해 시작되었으며 스페인, 포르투갈, 영국 등 차례차례 관계가 끊어지며 결국에는 네덜란드를 제외한 모든 유럽 국가와 국교가 끊어지게 되었다. 쇄국 정책의 가장 큰 이유는 기독교 금제(禁制) 정책과 막부가 무역의 이익을 독점하기 위한 것이었다.

기독교가 포교되면 스페인이나 포르투갈 등 서구 열강 세력의 침략에 대한 공포와 신자들이 신앙을 위해 단결할 수 있다는 우려에서 1612년 기독교 금제령을 내렸다. 이후 막부에서는 기독교 신자들에게는 종교를 바꾸도록 강요하는 한편, 신자들에 대한 처형과 국외 추방 등의 박해를 가했다. 많은 신자들이 개종하게 되었지만, 일부 신자는 이러한 박해에 맞서서 순교하는 사람들도 많았다.

1637년에 나가사키의 시마바라(島原)에서 반란이 일어났는데, 이 반란은 기근인데도 시마바라의 성주와 아마쿠사(天草)의 영주가 백성들에게는 많은 소작료를 징수하고 기독교 신자들에게는 종교를 탄압하는 것에 대한 반발에서 비롯된 저항이었다. 시마바라의 난은 발생한지 1년이 지나고서야 진압될 수 있었다. 그리고 에도 막부는 1639년에 포르투갈의 선박의 입항을 금지했다. 1641년 히라도(平戶)에 있던 네덜란드 상관(商館)을 데지마(出島)로 옮기고 네덜란드인과 일본인의 교류를 금지시켰다.

에도 시대의 쇄국정책에 의해 중국인의 주거지구인 도진야시키(唐人屋敷, 일종의 차이나 타운)가 나가사키에 설치되기도 하였다. 1635년 에도 막부는 중국 상선의 입항을 나가사키 항구에 한해 개방하였지만, 기독교인이 아닌 중국인은 나가사키 시내에 거주하는 것을 허락하였다. 하지만 밀무역이 증가하여 나가사키 봉행소에서는 중국인의 거주지구도 규모를 제한하였다. 주위에는 담과 수로로 둘러싸여 있고, 대문의 옆에 번소를 설치하여 사람들의 출입을 감시했다. 네덜란드인에 비해서는 중국인은 비교적 자유롭게 출입을 허락했다.

그러므로 나가사키의 데지마나 도진야시키, 조선통신사와 같은 예외적인 몇몇 사례를 뺀 모든 교역을 중단했다. 그러나 막부 말기에는 구로후네(黑船)를 비롯한 서구 열강의 출현으로 개항하게 되었으며, 내전 과정에서도 신식 문물을 적극적으로 도입했다.

당시 나가사키를 통해서는 청나라, 네덜란드와 교역하였으며 쓰시마번을 통해서는 조선, 사쓰마번을 통해서는 류큐 왕국, 마츠마에번을 통해서는 에조(蝦夷)와 무역을 했다. 유럽 국가들과의 교역이 네덜란드를 제외하고 끊겼을 뿐이지, 동북아시아 국가들과의 교역은 유지되었으며, 동남아시아 국가들과도 규모는 축소되었지만 무역 자체는 계속되었다. 특히, 에도 시대는 서양 학문에 개방적인 시기이기 때문에 난학(蘭學)이라 불리는 네덜란드 학문이 유행하였다.

데지마에 있는 네덜란드 상관(商館)

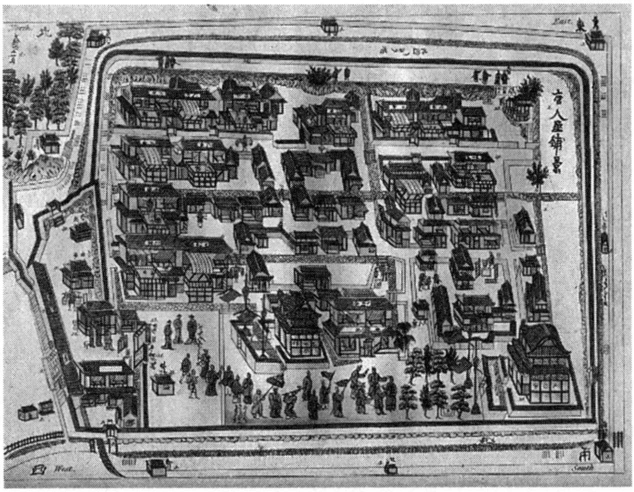

나가사키의 도진야시키(唐人屋敷)

5) 조선통신사

무로마치 시대의 평화적이고 우호적인 한일관계도 말기에 접어들면서 왜구의 약탈과 토요토미 히데요시의 조선 침략에 의해 완전히 단절된다. 임진왜란과 정유재란의 2차에 걸친 조선 침략은 30만 여 명의 일본군이 침입하여 조선의 평양과 함경도에 이르기까지 막대한 피해를 입혔다. 일본군은 조선의 학자와 도공, 그리고 수많은 농민과 부녀자를 강제로 연행해갔다. 그러나 이순신 장군이 이끄는 조선 수군과 각지에서 펼쳐진 의병장들의 항일운동에 의해 패배하였으며, 히데요시의 죽음과 더불어 조선에서 물러났다. 이 전쟁의 결과로 히데요시 정권은 급속하게 붕괴하기에 이른다.

히데요시 정권의 뒤를 이은 에도 막부는 조선과의 국교 회복에 힘써 1609년에는 조일통상조약(朝日通商條約)을 체결한다. 그리고 1624년까지 3회의 회답사 겸 쇄환사가 파견되었고, 1636~1811년 사이에 1회 300~500명 정도의 규모로 9회에 걸쳐 조선통신사가 일본을 방문했다. 쇄국을 통해서 외국과의 교류가 단절된 상태에 있는 일본에 있어서 조선은 류큐왕국 외에 유일하게 국교를 체결한 국가였다. 조선통신사의 방일행사는 도쿠가와 막부의 국제적 입지를 일본 전국에 알리는 절호의 기회였다. 사절단 일행은 막부는 물론이고, 각 지역의 다이묘들에게 큰 환영을 받았으며, 이러한 행사를 통해서 한일 양국의 문화 교류가 다양한 형태로 이루어질 수 있는 계기로 발전하였다.

조선통신사 행렬도

2. 메이지 시대

1) 에도 막부의 멸망

일본의 근대화는 자생적으로 이루어진 것은 아니었다. 1853년 미국의 페리 제독이 이른바 구로후네(黑船) 4척을 끌고 에도만(江戶湾)의 우라가(浦賀)에 입항하여 막부를 압박하였다. 검은 색의 증기 군함의 압도적인 무력을 배경으로 막부를 위협하게 된 것이다. 페리 제독은 일본에 통상을 요구했고, 그 동안 일본을 지배해 온 에도 막부는 미국의 위세에 굴복해 불평등 조약을 맺어야 했다. 결국 막부의 최고 관료인 아베 마사히로(安部正弘)는 개국을 결정하고 미국과의 화친조약을 체결했다. 타의에 의한, 그것도 무력에 의한 개국으로 250년에 걸친 일본의 쇄국 정책은 종말을 맞이했다.

이것이 계기가 되어 서구 제국주의 열강들의 침탈이 본격화되었다. 막부는 열강들과 싸울 때마다 번번이 패했고, 영국, 러시아, 네덜란드 등과 불평등 통상 조약을 맺었다. 영국은 아편 전쟁의 승리로 홍콩을 손에 넣고 상하이 등 5항구를 개항시키는 등 유럽 열강의 침략이 격화하는 가운데 중국 농민들의 반란인 태평천국의 난이 있어났다. 러시아는 태평천국의 난을 구실로 아무르와 연해주를 차지했다. 이러한 주변 정세가 일본에 전해지면서 막부는 1858년에 미국과 수호 통상 조약(米日修好通商條約)을 맺게 되었고, 계속해서 네덜란드,

러시아, 영국, 프랑스와도 불평등한 통상조약을 체결했다. 이들 서양 열강들과의 불평등 조약을 통해서 일본은 요코하마(横浜), 나가사키(長崎), 고베(神戶), 니가타(新潟)의 개항과 에도와 오사카를 개방하는 합의에 이른다. 이들 조약은 당시 막부가 외교나 무역의 경험이 부족했기 때문에 재류 외국인의 치외 법권이나 관세 자주권 등에서 한층 불평등한 조약이 되고 말았다.

가뜩이나 재정 악화와 기강 쇠퇴로 흔들리던 막부의 권위는 끝없이 추락하기 시작했다. 그 동안 지배 체제로부터 소외받던 하급 사무라이들과 신흥 상인들을 중심으로 무능한 막부를 대신할 새로운 체제를 세워야 한다는 주장이 확산되었다. 이들은 존왕양이(尊王攘夷)를 기치로 천황 중심의 정치 체제를 세우고자 했다. 일본의 천황은 명목상으로는 신으로서 절대적이고 신성한 존재였지만, 실제로 정치적 권한이 거의 없는 존재에 불과했다. 실질적인 권력은 무사 정권인 막부가 장악하고 있었고, 국가도 그들이 통치했다. 이것이 막부 형태의 그때까지의 정치 체제였다. 그런데 젊은 하급 무사들을 중심으로 막부 체제를 무너뜨리고 천황을 권력의 중심으로 바꿔놓아야 한다는 분위기가 일기 시작한 것이다.

1868년 존왕파는 쿠데타를 일으켜 에도 막부를 몰아냈다. 막부군의 병력은 숫자에서는 존왕파의 병력보다 우세했지만, 최신식 무기를 갖고 있는 존왕파를 상대하기에는 힘이 버거운 상태였다. 에도 막부의 마지막 쇼군이었던 도쿠가와 요시노부(德川慶喜)가 에도를 장악하고 있었으나 이들 존왕파의 새로운 세력에 맞서지 못하고 무릎을 꿇었다. 이로써 막부와 쇼군 제도가 사라지고, 700년이 넘게 이어온 봉건적 무사 정치 질서가 일거에 무너져 버렸다.

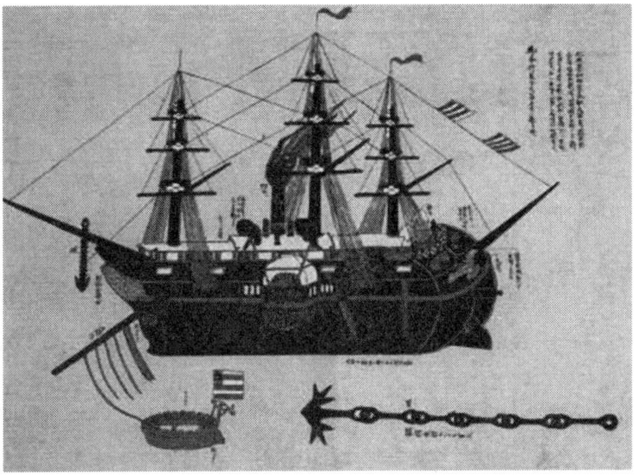

구로후네(黑船)

2) 왕정복고와 메이지 정부

1867년 12월 9일 사이고 다카모리(西鄕隆盛), 이와쿠라 도모미(岩倉具視), 오쿠보 도시미치(大久保利通) 등 막도를 타도하는데 중심적인 역할을 수행하였던 막부 타도파는 사쓰마번(薩摩藩)과 도사번(土佐藩), 아키번(安芸藩), 오하리번(尾張藩), 에치젠번(越前藩) 등이 참가하는 회의에서 왕정복고를 선언하는 대호령이 발포되었다. 왕정복고라는 대의명분 아래 교토에는 천황을 중심으로 신정권이 탄생했다. 토벌군이 에도성을 함락시키기 위해 출병하여 에도성 총공격을 이틀 앞두고 막부를 대표하는 가쓰 가이슈(勝海舟)와 신정부를 대표하는 사이고 다카모리(西鄕隆盛)가 에도성을 넘겨받기 위한 교섭을 시작했다. 서로의 입장은 달랐지만, 에도성 공격이 이루어지게 되면 막대한 희생을 초래할 수밖에 없었기 때문에 가능한 피해야 한다는 점에서는 서로 입장을 같이하고 있었다. 두 사람의 협상은 성공하여 결국 신정부군은 무혈 입성할 수 있게 되었다.

천황이 거처하는 수도는 교토에서 막부가 위치했던 도쿄로 옮겨졌다. 그때까지 상징적인 존재에 머물렀던 천황이 현실 정치 세계로 화려하게 복귀한 것이다. 도쿠가와 막부를 폐위하고 새롭게 왕정복고로 총재(總裁), 의정(議政), 참여(參與) 등의 직을 두기로 선언하여 유신정권이 성립했다. 메이지 유신은 천황의 작품이 아니라 이들 신진 무사 세력이 구상하고 집행한 것이었다. 정권을 장악한 신흥 세력들은 곧바로 범국가 개조 사업에 착수했다. 먼저 지방분권 사회였던 일본을 중앙집권 사회로 바꾸어나갔다.

1868년 3월 14일 16세의 어린 천황이 대국민 선언문을 읽어 내려갔다. 그동안 상징적인 존재에 불과했던 천황이 국가를 직접 통치한다는 선언이었다. 일본 근대 국가 수립과 제국주의의 원동력이 된 메이지 유신의 시작이었다.

3) 판적봉환(版籍奉還)과 폐번치현(廃藩置県)

막부의 멸망과 더불어 메이지 신정부는 막부의 행정 체제를 고쳐 새로운 지방제도를 수립하고자 하였다. 메이지 정부가 성립된 이후에도 다이묘들은 여전히 독립적으로 가신들을 거느리고 자신의 영지를 지배하고 있었다. 1868년 4월, 다이묘들이 지배하던 영지를 번이라고 칭하고, 다이묘에게 계속 그 통치를 맡겼다. 그리고 막부의 직할령은 신정부가 직접 통제할 수 있도록 부(府)와 현(県)으로 재편됨에 따라서 부(府)·번(藩)·현(県) 삼부제가 확립되었다. 1869년 1월, 메이지 유신에 공이 컸던 사쓰마번(薩摩藩), 조슈번(長州藩), 도사번(土佐藩), 히젠번(肥前藩)은 다이묘들이 가진 번에 대한 권리를 천황에 귀속한다는 판적봉환(版籍奉還)의 건의서를 제출하였고, 자문과 논의가 이루어진 뒤 시행에 옮겨지게 되었다. 이들 다이묘들에게 토지(版)와 백성(籍)을 조정에 반환하도록 했으며, 뒤이어 대부분의 다이묘들이 이를 따르게 되었다.

신정부는 권력기반이 아직은 취약한 까닭에 각 번에 대한 강제력도 갖지 못했고, 법적인 근거도 확실하지 않았다. 그리고 오랜 시간 동안 주군과 가신의 주종관계, 세습으로 이어져 온 번의 권력을 다이묘들이 쉽게 내놓지 않을 것이라는 점에서 저항이 충분히 예상되었다. 따라서 신정부측은 회의를 통해 다이묘들의 도움을 요청했고, 다이묘와 가신들의 반발을 없애고자 하였다. 또한 당시의 많은 번들은 재정이 계속 악화되고 있었기 때문에 번의 유지에 대한 희망을 갖고 있지 않았다. 막부가 몰락하면서 그 역할을 천황이 대신해야 한다는 생각이 있었기 때문에 판적봉환의 절차는 큰 무리 없이 순조롭게 단행되었다. 결국 판적봉환을 토대로 하여 폐번치현(廢藩置県)을 이룰 수 있었다.

폐번치현은 메이지 유신 시기인 1871년 8월 29일에, 그때까지 지방 통치를 담당해왔던 번을 폐지하고, 지방 통치 기관을 중앙 정부가 통제하는 부(府)와 현(県)의 시스템으로 바꾼 행정 개혁이다. 1868년 1월 3일에 일어났던 왕정복고의 과정을 통해서 사실상 중앙정부의 권한이 도쿠가와 막부에서 조정으로 옮겨가는 변화 이외에는 없었기 때문에, 중앙집권을 위해서는 각 지역에 남아 있는 번의 존재를 새로운 시스템으로 바꾸는 과정이 필요하였다.

그러나 폐번치현은 당시 일본 전체에서 200만 명이 넘었던 다이묘와 가신들을 대량으로 정리해야 하는 문제가 남아있었다. 그리고 메이지 정부의 군대는 각 번에서 파견된 병력으로 구성되어 있었기 때문에 통제하는 데도 한계가 있었다. 또한 각 번과 신정부 사이의 대립, 신정부 내에서의 대립이 계속되었다. 그러므로 옛 다이묘들을 도쿄로 이주시키고 정부의 관리와 부지사(府知事), 현령(県令)에 임명하여 행정을 맡겼다. 폐번치현을 통해서 도쿠가와 막부의 번 체제는 완전히 소멸되었다.

판적봉환(版籍奉還)

4) 문명개화와 근대화

폐번치현 직후 이와쿠라 도모미(岩倉具視), 오쿠보 도시미치(大久保利通), 기도 다카요시(木戸孝允) 등 정부의 핵심 요직에 있던 사람들은 수행원들을 이끌고 서양 시찰에 나섰다. 메이지 정부는 먼저 서양의 선진국에 대규모 사절단을 보내 선진 문물을 시찰하도록 했던 것이다. 메이지 시대의 기본 이념은 화혼양재(和魂洋才), 즉 일본의 정신을 유지하되 서양의 기술을 받아들인다는 것이었다. 그러나 화혼과 양재가 균형 있게 이루어진 것은 아니며, 관심은 양재에 찍혀 있었다.

이와쿠라사절단 모습

사절단이 보고 듣고 배워 온 제도들은 곧바로 일본에 도입되었다. 먼저 신분 제도가 철폐되어 해방된 천민과 평민들은 자본주의 경제를 지탱하는 값싼 노동력을 제공했다. 또한 징병 제도가 실시되면서 무사들만이 가졌던 군사적 임무가 국민 모두에게 부과되었고, 이로써 무사들의 특권이 사라졌다. 이에 더해 폐도령이 내려져 무사가 칼을 차는 전통도 금지되었다. 지금까지의 무사들은 평민과 더 이상 구분되지 않았다. 부국강병의 토대는 무기를 다루는데 골몰하는 게 아니라, 국민 모두가 교육을 충실히 받아서 지식을 갖추는데 있다는 점을 강조한 결과이다.

또한 메이지 정부는 1872년 학제를 반포하여 국민 모두가 학교교육을 받도록 권장하였다. 근대식 학교가 설립되어 의무교육 제도가 실시되어 소학교 6년, 중학교 6년, 대학교 4년의 학제가 시행되었다. 소학교는 의무교육이었다. 그러나 지역에 따라서는 지역 농민들의 강한 반대에 부딪혀 시행이 어려운 곳이 있었다. 취학률의 저하와 학교 폐지 등으로 인해 교육령은 다시 개정되기도 하였다. 이와 같이 메이지 정부는 서양 제도를 도입하는 과정에서 수많은 시행착오를 겪었으며 제도의 수정이 필요했다.

부국강병을 서둘러야 했던 정부는 식산흥업(殖産興業)이라 하여 정부가 팔을 걷고 나서서 근대 산업을 보호하고 육성했다. 많은 산업을 국유화해서 정부가 직접 발전을 주도했다. 근대적 은행이 만들어졌고, 철도가 부설되었다. 메이지 시대의 경제 발전은 부국강병의 기치 아래 철저히 국가의 주도로 진행되었다. 일본이 장차 군국주의와 제국주의로 나아가는 불행의 씨앗은 이때부터 비롯되었다.

어쨌든 메이지 정부는 서구에서 수백 년에 걸쳐 이루어진 일들을 짧은 시간에 이루어냈다. 특히, 메이지 유신의 주역들은 투철한 사명감으로 무장한 젊은이들이었다. 이들 중 한 사람이 이토 히로부미(伊藤博文)이다. 한국인들에게는 일제 식민지의 원흉이지만 일본인들에게는 근대화의 영웅이었다. 이토 히로부미는 하층 농민의 아들로 태어나 총리만 네 차례를 지낸 입지전적 인물이다.

정한론(征韓論)은 이토 히로부미가 처음 생각해 낸 것이 아니다. 일본이 유신으로 근대화를 완성하기 전부터 확산되기 시작했다. 일찍이 개화파의 선구자 요시다 쇼인(吉田松陰)은 일본이 독립하기 위해서는 조선을 정벌해야 한다고 주장해 왔다. 요시다 쇼인은 존왕파 사상가이자 교육자로 메이지 일본의 설계도를 그린 선각자로 꼽힌다. 그는 천하는 천황이 지배하고, 그 아래 만민은 평등하다는 존왕양이 운동의 사상적 기반을 마련했다. 특히 정한론과 대동아공영론을 주장해 일본의 제국주의에 큰 영향을 끼쳤으며, 초대 조선 통감 이토 히로부미, 초대 조선 총독 데라우치 마사타케(寺內正毅) 등 조선을 침탈한 주역들을 길러냈다.

일본은 20년 전 미국의 페리 제독에게 당한 방법 그대로 조선을 공략했다. 1875년 9월 일본은 수차례에 걸친 통상 요구가 수용되지 않자 해안 탐측을 핑계로 강화도에 운요호를 정박시켰다가 조선 수군과 충돌했다. 이를 구실로 조선 조정의 사죄와 개항을 요구했다. 그 결과 양국 간 최초의 불평등 조약인 강화도 조약이 체결되었다.

이토 히로부미 통감

데라우치 마사타케 총독

5) 북방영토 문제와 류큐 처분

18세기에 러시아인들이 에토로후(擇捉島)에 들어와 마을을 건설했고, 18세기 말부터 일본이 이 지역을 지배했다. 제2차 세계 대전 직후에 소련이 점령하였고, 소련의 붕괴 이후 러시아가 실효 지배하고 있다.

1854년 에도 막부와 러시아 제국은 러일 화친 조약을 맺어 당시 각자의 세력권 아래 있던 에토로후(擇捉島)과 우루프(得撫島) 의 사이를 국경선으로 정했다. 그러나 가라후토(樺太, 사할린)에 대해서는 영유권을 정하지 않아 잡거지였기 때문에 종종 분쟁의 소지가 있었다. 1875년 러시아와 일본은 상트페테르부르크 조약에서 가라후토 전체를 러시아의 영토로 하고, 대신 쿠릴 열도의 섬들은 일본이 지배하기로 조약을 맺었다.

1905년 러일 전쟁 후 포츠머스 조약으로 사할린 섬의 남쪽 절반이 일본에 양도되었다. 1945년 7월 포츠담 선언에서 일본의 주권은 혼슈, 홋카이도, 규슈 및 시코쿠와 부근 작은 섬들에만 미치며, 남사할린과 쿠릴 열도는 제외된다고 밝혔다. 소련이 대일 참전을 시작하여 일본이 포츠담 선언의 수락을 연합국에 전달하고 연합국에 대한 항복 문서에 조인했다. 소련이 에토로후 섬을 점령하고, 쿠나시리 섬, 시코탄 섬, 하보마이 군도를 차례로 점령했는데 이것이 북방영토의 문제로 남아 있다.

남방으로는 오가사와라 제도(小笠原諸島)를 일본 영토로 확보하였다. 오가사와라 제도는 에도 시대에는 관심이 전혀 없는 무인도와 같은 곳이었으나 메이지 정부는 1873년부터 오가사와라 제도에 관심을 갖게 되었고 1876년 영유권을 선언하였다. 미국과 영국이 영유권 선언에 대해서 이의를 제기하지 않았기 때문에 일본의 영유권은 자연스럽게 인정되었다.

규슈의 사쓰마번의 지배를 받던 류큐(琉球) 왕국은 동시에 청나라와도 종속 관계에 있었다. 100여 년간 삼국으로 분할되어 있던 것을 1429년에 중산국(中山國)이 통일하여 건국하였다. 류큐 왕국은 중국이나 일본, 동남아시아 등과의 중계 무역으로 번성하였다. 에도 시대에는 쇄국 정책을 취하였기 때문에 사쓰만번은 류큐 왕국을 통해서 청나라와 무역을 하게 되었다. 1609년에 사쓰마번의 침략을 받은 이후, 여러 차례에 걸쳐 일본의 침략을 받았다. 메이지 정부는 1872년 류큐번(琉球藩)을 설치하였고, 1879년에는 군대를 류큐에 보내 무력으로 류큐번과 왕부(王府)를 폐하고 일본에 강제로 병합하는 류큐 처분이 단행되어 오키나와현으로 바뀌었다.

6) 근대의 한일관계

에도 시대에는 조선과 일본 간의 국경 문제가 없는 평화로운 시기였다. 메이지 정부에서는 청나라와 사대 관계에 있는 조선에 대해서 정한론(征韓論)이 대두되었다. 이와쿠라 사절단이 해외 시찰을 나간 사이에 사이고 다카모리(西鄕隆盛), 에토 신페이(江藤新平), 이타가키 다이스케(板垣退助) 등은 조선을 정벌하기로 결정했다. 그러나 급히 귀국한 이와쿠라 도모미(岩倉具視), 오쿠보 도시미치(大久保利通), 기도 다카요시(木戶孝允) 등은 조선을 정벌하기에 앞서 일본 국내의 내치에 힘써야 한다고 강력하게 주장하는 세력에 밀려 정한론은 실패하고 말았다. 정한론에서 패한 사이고 다카모리, 에토 신페이, 이타가키 다이스케 등은 각료를 사임하고 메이지 정부를 떠났다. 메이지 정부의 주도권을 장악하게 된 오쿠보 도시미치는 운요호가 조선의 군대에 포격을 받은 강화도 사건을 이유로 함대를 파견하고 조선 정부에 강요하여 1976년 조일수호조약(朝日修好條規)을 맺으면서 부산을 비롯한 인천, 원산을 개항하게 된다.

조선은 구미 각국에도 개국하여 일본, 청나라, 미국, 러시아의 세력의 이권 경쟁이 시작되었고, 조선은 열강들의 세력 다툼의 무대가 되었다. 불평등 조약인 조일수호조약 등으로 인해 조선에서의 반일 감정이 고조되었고, 1882년 조선의 병사들이 반정부와 반일을 내세워 일본 공사관을 습격하는 임오군란을 일으켰다. 일본은 자국민을 보호한다는 명분으로 일본군을 배치하였고, 청나라 군인이 나서서 폭동을 진압하고 민씨 일파를 내세워 보수파 정권이 성립되었다. 근대적 개혁에 의한 조선 독립과 부국강병을 기치로 한 김옥균 등 개화파는 갑신정변을 일으켜 보수파를 추방하고 개화파 정권을 세우려 했지만 3일 천하로 끝나고 말았다. 갑신정변의 결과 청나라와 일본 사이에 군대 파병 시에는 사전 통고한다는 텐진조약(天津條約)을 체결하였다.

청일전쟁(淸日戰爭)에서 승리한 일본은 조선의 독립을 청나라가 인정하도록 했으며 요동반도(遼東半島)와 대만(臺灣)을 할양받았다. 일본은 조선의 자주 독립이라는 명분으로 청일전쟁을 일으켰다. 전쟁은 예상외로 일본의 압도적인 승리였다. 그러나 1895년 4월 러시아, 독일, 프랑스의 3국 간섭으로 요동반도를 청나라에 반환하게 되었으며, 이를 계기로 열강들에 의한 중국 분할이 시작되었다. 조선에서는 3국 간섭에 앞장섰던 러시아의 영향력이 강화되면서 일본의 영향력은 약화되었다. 일본은 조선에 대한 자신들의 영향력 회복을 위해 일본공사 미우라 고로(三浦梧樓)에게 사주하여 일본군을 궁궐에 잠입시켜 명성황후를 살해하는 사건이 벌어졌다. 그리고 청일전쟁 이후 일본은 자본주의의 급속한 발전을 이룩한 반면, 조선과 중국은 일본 및 열강의 수탈 대상 및 분할 경쟁의 대상이 되었다.

일본은 러시아와의 대립을 피할 수 없었다. 일본은 러시아가 조선과의 관계에서 배제될 수 있도록 하기 위해 영일동맹(英日同盟)을 맺고 러일전쟁(露日戰爭)을 일으켰다. 러일전쟁은 러시아 제국과 일본제국이 한반도에서 주도권을 쟁취하려는 무력 충돌이었다. 러일 전쟁의 주요 무대는 만주 남부, 특히 요동 반도와 한반도 근해였다. 블라디보스토크는 러시아 제국이 사용할 수 있었던 유일한 부동항으로, 여름에 주로 이용되었으며 뤼순항(旅順港)은 연중 사용할 수 있었다. 청일 전쟁 이후, 일본은 러시아에 만주의 주도권을 인정해주는 대신 한반도에서 일본의 주도권을 요구하였다. 그러나 러시아는 이를 거부하고 한반도를 북위 39도선을 경계로 북쪽은 러시아, 남쪽은 일본으로 하는 분할 통치를 제안하였으나 결렬되었다. 일본은 1904년 협상이 결렬된 후에는 러시아가 전략적인 이익을 위해 전쟁을 선택할 수 있다고 보고, 조선에 대한 독점적 영향력을 얻기 위해 전쟁을 선택하였다.

포츠머스 조약으로 조선에 대한 일본의 지배권을 국제적으로 승인을 받게 되자, 조선을 일본의 보호국으로 하고 외교권을 박탈한 뒤 통감부를 설치했다. 1905년에 미국 포츠머스에서 미국 루스벨트 대통령의 중재로 일본과 러시아가 맺은 러일 전쟁의 포츠머스 조약에서 한국에 대한 일본의 우월권, 청나라 정부의 승인을 전제로 한 요동반도의 조차권(租借權), 연해주 연안의 어업권 등을 획득하였다. 이에 따라 조선의 군대는 해산되고, 사법, 경찰, 통신 등의 권리도 박탈당했다. 조선은 열강의 묵인 속에 1905년 을사조약(乙巳條約)을 강요당하는 등, 독립을 유지하기 어렵게 되었고 1910년에는 일본 영토로 강제 병합되었다.

을사조약(乙巳條約)

[일본사 연표]

시대	연 도	내 용
야마토 시대 大和時代	4세기초	긴키(近畿)의 야마토를 중심으로 통일국가가 성립함.
	404	광개토왕의 비문에 의하면 왜군이 고구려와의 전쟁에서 패함.
	478	한반도에서 건너간 도래인이 선진문화를 야마토(大和)에 전함.
	538	백제에서 불교가 전해짐.
	593	쇼토쿠태자(聖徳太子)가 스이코천황(推古天皇)의 섭정이 됨.
	607	호류지(法隆寺)를 건립함.
	663	백촌강(白村江) 전투에서 일본이 나당연합군에 패함.
	673	덴무천황(天武天皇) 즉위
	694	후지와라쿄(藤原京)로 수도를 옮김.
나라 시대 奈良時代	710	헤이죠쿄(平城京)로 수로를 옮김.
	712	오노 야스마로(太安万侶) 등이 『고지키(古事記)』 집필
	720	도네리 신노(舎人親王) 등이 『니혼쇼키(日本書紀)』 집필
	754	오토모노 야카모치(大伴家持) 등이 『만요슈(万葉集)』 편찬
	784	간무천황(桓武天皇), 나가오카쿄(長岡京)로 천도
헤이안 시대 平安時代	794	간무천황, 헤이안쿄(平安京)로 천도
	801	사카노우에노 다무라마로(坂上田村麻呂)가 에조(蝦夷)를 정벌함.
	805	사이초(最澄)가 천태종을 들여옴.
	806	구카이(空海)가 진언종을 들여옴.
	866	후지와라노 요시후사(藤原良房)가 섭정이 됨.
	887	후지와라노 모토쓰네(藤原基経)가 관백이 됨.
	905	기노 쓰라유키(紀貫之) 등이 『고킨와카슈(古今和歌集)』 편찬
	1016	후지와라노 미치나가(藤原道長)가 섭정이 됨.
	1016	무라사키 시키부(紫式部)가 『겐지모노가타리(源氏物語)』 집필
	1156	호겐의 난(保元の乱)이 일어남.
	1159	헤이지의 난(平治の乱)이 일어남.
	1167	다이라노 기요모리(平清盛)가 태정대신이 됨.
	1175	호넨(法然)이 정토종(浄土宗)을 개창함.
	1180	미나모토노 요리마사(源頼政), 미나모토노 요리토모(源頼朝), 미나모토 요시나카(源義仲)가 반란을 일으킴.
	1185	단노우라(壇の浦) 전투에서 다이라씨(平氏)가 멸망

시대	연도	내용
가마쿠라 시대 鎌倉時代	1192	미나모토 요리토모(源頼朝)가 정이대장군(征夷大將軍)이 되어 가마쿠라(鎌倉) 막부(幕府)를 설치
	1224	신란(親鸞)이 정토진종(淨土眞宗)을 개창함.
	1227	도겐(道元)이 조동종(曹洞宗)을 들여옴.
	1253	니치렌(日蓮)이 니치렌슈(日蓮宗)를 개창함.
	1333	아시카가 다카우지(足利尊氏)가 반란을 일으킴. 가마쿠라 막부 멸망
무로마치 시대 室町時代	1338	아시카가 다카우지(足利尊氏)가 정이대장군이 되어 무로마치 막부를 설치
	1397	아시카가 다카우지(足利尊氏)가 긴카쿠지(金閣寺)를 건립함.
	1404	간아미(観阿弥)와 제아미(世阿弥)가 노가쿠(能楽)를 완성함.
	1429	쇼씨(尚氏)가 오키나와 본토를 통일하고 류큐왕국(琉球王国)을 세움.
	1457	아이누인과 왜인과의 전투
	1573	오다 노부나가(織田信長)가 쇼군 아시카가를 교토에서 추방함. 무로마치 막부 멸망
아즈치·모모야마 시대 安土·桃山時代	1576	오다 노부나가가 아즈치성(安土城)을 축조함.
	1583	도요토미 히데요시(豊臣秀吉) 오사카성(大阪城) 축성을 시작함.
	1585	도요토미 히데요시가 관백이 됨.
	1590	도요토미 히데요시가 호조씨(北条氏)를 멸망시키고 전국을 통일
	1592	분로쿠의 역(文禄の役, 임진왜란), 도요토미 히데요시가 조선에 출병
	1597	게이초의 역(慶長の役, 정유재란), 도요토미 히데요시가 다시 조선에 출병
	1598	도요토미 히데요시가 사망하면서 조선에서 일본군 철수
	1600	세키가하라(関ヶ原) 전투가 일어남.
에도 시대 江戸時代	1603	도쿠가와 이에야스(徳川家康)가 정이대장군이 됨.
	1607	조선통신사 사절이 처음으로 에도(江戸)에 도착함.
	1615	막번체제(幕藩体制)의 확립
	1635	참근교대제(参勤交代制)의 제정
	1637	시마바라(島原)의 난이 일어남.
	1641	네덜란드의 상관(商館)을 히라도(平戸)에서 나가사키(長崎)의 데지마(出島)로 이전함.
	1689	나가사키에 도진야시키(唐人屋敷)가 세워짐.
	1798	곤도 주조(近藤重蔵), 모가미 도쿠나이(最上徳内)가 에토로후(択捉島)를 탐험함.
	1808	마미야 린조(間宮林蔵)가 가라후토(樺太)를 탐험함.
	1825	에도 막부가 외국선 추방령을 내림.
	1838	조슈번(長州藩)이 번정개혁(藩政改革)을 단행
	1853	페리가 에도만(江戸湾)의 우라가(浦賀)에 내항하여 개국을 요청함.
	1854	페리가 다시 내항하여 미일화친조약(米日和親條約)을 체결

시대	연도	사건
	1858	미일수호통상조약(米日修好通商條約)을 체결
	1859	존왕양이(尊王攘夷) 운동이 활발하게 일어남. 요코하마(横浜), 나가사키(長崎), 하코다테(函館) 개항
	1864	제1차 조슈전쟁(長州戦争) 발발 막부군 히로시마(広島)에 대본영 설치
	1866	삿초동맹(薩長同盟)이 이루어짐. 제2차 조슈전쟁(長州戦争) 발발 후쿠자와 유키치(福沢諭吉) 『서양사정(西洋事情)』 간행
	1867	메이지천황(明治天皇) 즉위 막부 쇼군 도쿠가와 요시노부(徳川慶喜)가 통치권을 반납하는 대정봉환(大政奉還)이 이루어짐. 왕정복고(王政復古)의 대호령(大号令)이 발포됨.
메이지 시대 明治時代	1868	에도성(江戸城)에 무혈 입성 에도(江戸)를 도쿄(東京)로 개칭 메이지 유신(明治維新)
	1869	도쿄(東京)로 천도 판적봉환(版籍奉還) 에조치(蝦夷地)를 홋카이도(北海道)로 개칭함.
	1871	폐번치현(廢藩置県) 이와쿠라사절단(岩倉使節團) 구미로 출발
	1873	이와쿠라사절단 귀국
	1874	대만(臺灣)에 출병
	1875	러시아와 가라후토(樺太)·지시마(千島) 교환조약 체결 강화도 사건
	1879	류큐번(琉球藩)을 오키나와현(沖縄県)으로 처분
	1883	로쿠메이칸(鹿鳴館) 준공
	1885	후쿠자와 유키치, 탈아론(脫亞論) 발표 내각제도(초대 총리대신 이토 히로부미)를 시행
	1889	대일본제국헌법 발포
	1890	교육칙어 발포
	1893	기미가요(君が代)를 국가(國歌)로 제정
	1894	청국에 선전포고, 청일전쟁 발발
	1895	세모노세키조약(下関条約) 체결 대만총독부 설치
	1904	러시아에 선전포고, 러일전쟁 발발
	1905	포츠머스조약을 체결함. 조선통감부 설치
	1910	한국 합병 조선총독부 설치
다이쇼 시대 大正時代	1914	독일에 선전포고하고, 제1차 세계대전에 참전함.
	1918	시베리아 출병
	1923	간토 대지진(関東大震災) 발생

시대	연도	사건
쇼와 시대 昭和時代	1931	만주사변(満州事変) 발생
	1932	만주국 수립
	1937	중일전쟁 발발
	1938	국가총동원법 공포
	1941	하와이 진주만을 기습하고, 태평양전쟁이 시작됨.
	1945	도쿄 대공습 미군 오키나와 상륙 히로시마(広島)·나가사키(長崎)에 원자폭탄이 투하됨 포츠담선언을 수락하고 항복
	1946	천황의 인간선언 극동국제군사재판 개시 일본국헌법 공포
	1953	아마미군도(奄美群島) 일본에 복귀
	1964	도쿄 올림픽 개최
	1965	한일기본조약에 조인
	1968	오가사와라제도(小笠原諸島) 일본에 복귀
	1970	오사카 만국박람회 개최
	1972	오키나와 일본에 복귀
헤이세이 시대 平成時代	1994	무라야마 도미이치(村山富市) 연립내각 발족
	1995	한신·아와지 대지진(阪神·淡路大震災) 발생
	2002	한일 공동 월드컵 개최
	2005	아이치(愛知) 만국박람회 개최
	2011	동일본 대지진(東日本大震災) 발생

참고문헌

감영희 외(2017) 『일본 사회와 문화』 동양북스
길희성(1999) 『일본의 정토사상』 민음사
김숙자 외(2016) 『사진으로 보고 가장 쉽게 읽는 일본문화』 시사일본어사
김호성 옮김(2005) 『인물로 보는 일본 불교사』 동국대학교 출판부
고마 도시로(2007) 『일본문화의 선구자들』 어문학사
구태훈(2009) 『정치로 통하는 일본역사』 재팬리서치21
구현숙(2008) 『일본 근대화의 길』 어문학사
박규태 옮김(1998) 『일본 신도사』 예문서원
박순애(2004) 『일본입문 일본의 문화와 사회』 시사일본어사
오태헌(2006) 『일본 탐구』 석필
우메사오 다다오(2001) 『일본인의 생활』 혜안
이연식(2009) 『유혹하는 그림 오키요에』 아트북스
이영·조명철 『일본 근세 근현대사』 한국방송통신대학교 출판부
정진홍(2000) 『종교문화의 원리』 서울대학교 출판부
정형 옮김(2000) 『천황제국가 비판』 제이앤씨
정형(2009) 『사진·통계와 함께 하는 일본, 일본인, 일본문화』 다락원
飯倉春武 遍(2007) 『日本人のしきたり』 青春出版社
大久保純一(2008) 『浮世絵』 岩波新書
大久保洋子(1998) 『江戸のファーストフード : 町人の食卓, 将軍の食卓』 講談社
大林尚三郎(1988) 『日本のすべて』 三省堂
小沢浩(2004) 『民衆宗教と国家神道』 山川出版社
郡司正勝(2006) 『歌舞伎入門』 岩波書店
佐藤泰子(1997) 『日本服装史』 建帛社
高田倭男(2005) 『服装の歴史』 中公文庫
中塚明(1993) 『近代日本の朝鮮認識』 研文出版
服部幸雄(2008) 『絵で読む歌舞伎の歴史』 平凡社

平井聖(1980)『図説日本住宅の歴史』学芸出版社
水谷修 外(1995)『日本事情ハンドブック』大修館書店
南博(1983)『日本人の生活文化事典』勁草書房
森岡孝二(2005)『働きすぎの時代』岩波新書
義江彰夫(1996)『神仏習合』岩波新書

출처

http://cafe.daum.net/jtcmm/Aevf
http://cafe.daum.net/thishistory
http://cafe.daum.net/korjaphistory
http://blog.daum.net/lmk2845/5923863
http://blog.daum.net/sallysulbo
http://blog.daum.net/tokyostory
http://cafe.naver.com/sazan/3826
http://blog.naver.com/sbsafety
http://blog.naver.com/yksm12
http://blog.naver.com/nobushige
http://blog.naver.com/pikudora77
http://blog.naver.com/goodjcs
http://blog.naver.com/sunny_k0520
http://blog.naver.com/astrojason
http://blog.naver.com/sunstmini
http://hoyaup.blog.me/40109210722
http://www.iz2.or.jp/fukushoku
http://anwjdrkdgh.blog.me
http://terms.naver.com

찾아보기

이경규

일본 도카이대학에서 문학박사를 받았으며 도카이대학 외국어교육센터 전임강사를 거쳐 현재 동의대학교 일본어학과 교수로 재직 중이다. 한국일본근대학회 회장, 동의대학교 인문사회연구소 소장, 인문대학 학장 등을 역임하였으며, 현재, 동의대학교 동아시아연구소 소장, 중앙도서관 관장을 맡고 있다. 관심 연구 분야는 근대번역과 한자어이며, 『중세기 일본 한자어 연구』, 『근대번역과 동아시아』 (공저), 「일본 자음어 연구의 한 시점」, 「명치기 번역소설에 나타나는 한자표기와 후리가나에 관한 연구」 등 다수의 논저가 있다.

문화코드로 읽는 일본이야기

초판 1쇄 발행 _ 2018년 1월 25일

저　　자 • 이 경 규
발 행 인 • 정 현 걸
발　　행 • 신 아 사
인　　쇄 • 삼일문화
출판등록 • 1956년 1월 5일 (제9-52호)
주　　소 • 서울시 은평구 통일로 59길 4(2F)
전　　화 • 02)382-6411 · 팩스 02)382-6401
홈페이지 • www.shinasa.co.kr
E-MAIL • shinasa@daum.net

ISBN 978-89-8396-254-6 (93910)

정가 13,000원

프라이 동의 인문교양 총서

이 저서는 교육부의 산업연계교육활성화선도대학(PRIME)사업 사업비를 지원받아 집필한 저서임